ABI… N
…SCHICHTE

W0211937

Uwe Walter

Die Antike

Stadtbücherei Quickborn
70114047379

STARK

Bildnachweis
Umschlagbild: getty images / DEA / G. Dagli Orti

ISBN 978-3-89449-420-4

© 2013 by Stark Verlagsgesellschaft mbH & Co. KG
www.stark-verlag.de
1. Auflage 2000

Das Werk und alle seine Bestandteile sind urheberrechtlich geschützt. Jede vollständige oder teilweise Vervielfältigung, Verbreitung und Veröffentlichung bedarf der ausdrücklichen Genehmigung des Verlages.

Inhalt

Vorwort

Griechenland 1

Warum die Griechen? 1

Übersicht: Die Hauptabschnitte (Epochen) der griechischen Geschichte 3

Die Welt der griechischen Stadtstaaten 5
Bedingungen und Grundformen 5
Naturräumliche Voraussetzungen: Landschaft, Klima, Landwirtschaft . 5
Die griechische Polis 7
Nachdenken über die Verfassung der Polis: die politische Philosophie – und eine Eigenart griechischen Denkens überhaupt 9
Grundelemente der Polis 12
Die Polis als Staat 13
Die Polis als Stadtstaat und Bürgergemeinschaft 14
Der Untergang der bronzezeitlichen Kulturen als Voraussetzung für die Polis 15
Die minoisch-mykenische Kultur 15
Der Niedergang der Paläste 17
Die Entstehung der Polis 18
Voraussetzungen 18
Der Gemeinschaftsbezug als treibende Kraft 19
Faktoren der Verdichtung 22
Untergliederung der Bürgerschaft 25
Schattenseiten 26
Die Polis als Modell einer politischen Ordnung und ihre Gefährdungen .. 27
Viele Staaten – eine gemeinsame Kultur 28

Demokratie, Großmacht, Kulturstaat:
Athen im 6. und 5. Jahrhundert v. Chr. ... **31**
Drakon ... 31
Solon ... 32
Kleisthenes ... 34
Kulturelle Leistungen im klassischen Athen ... 43
  Die Tragödie ... 44
  Das Beispiel der Geschichtsschreibung ... 46
  Von der Lebendigkeit des Mythos ... 49

Kämpfe um Freiheit und Vorherrschaft ... **53**
Die Perserkriege ... 53
Der Peloponnesische Krieg und seine Folgen ... 55

Weltherrschaft und Weltkultur im Namen der Griechen:
Alexander und der Hellenismus ... **57**

Rom ... 61

Warum die Römer? ... **61**

Übersicht: Die Hauptabschnitte (Epochen) der römischen Geschichte ... **62**

Rom in Italien ... **64**
Raum und Umwelt ... 64
Ein multikulturelles Umfeld ... 65
Die Gründung Roms ... 65
Das frühe Rom: Institutionen und Konflikte ... 66

Die Verfassung der Römischen Republik:
Das Organisationsstatut der Nobilität ... **70**
Was ist eine Verfassung? ... 70
Nobilität, Senat und Amtsträger ... 70
Die Rolle des Volkes ... 75
Die Anfälligkeit der Nobilitätsherrschaft ... 76

Die Erfolgsgeschichte der Nobilität: Roms Aufstieg zur Weltherrschaft 83
Die Unterwerfung Italiens 83
Die Eroberung der Mittelmeerwelt 86
Der Triumphzug als Symbol und Triebkraft römischer Sieghaftigkeit . 86
Kriegsanlässe und Kriegsverläufe – ein Überblick 87
Die Herrschaft über die Provinzen 88

Die Krisengeschichte der Nobilität:
Von den Gracchen bis zur Schlacht bei Actium 90
Das Agrarproblem und die Gracchen 90
Vom Ordnungsverfall zum Bürgerkrieg 93

Eine neue Monarchie als Wiederherstellung der Republik:
Der Prinzipat des Augustus 96

Das Römische Reich in der Kaiserzeit –
Modell einer europäischen Ordnung 100
Unterwerfung – Gewöhnung – Zustimmung 104
Integration und Abschließung nach außen 107
Fürsorge und Verantwortung 109

Das römische Recht und seine nachantike Karriere 110

Krise und Umgestaltung des Reiches in der Spätantike 114
Faktoren der Umgestaltung 114
Äußerer Druck und Versagen des Staates 115
Die Germanen im Reich 115
Christenverfolgungen und Umwandlung des römischen Staates 117
Die weitere Entwicklung des Reiches 120

Quellen und Literatur 123
Stichwortverzeichnis 127
Bildnachweis 138

Autor: Prof. Dr. Uwe Walter

Vorwort

Liebe Schülerinnen und Schüler,

dieses Büchlein kann nicht mehr als eine Einführung in wesentliche Gesichtspunkte der griechischen und römischen Geschichte sein. Vieles von dem, was Sie im Unterricht gehört oder im Schulbuch gelesen haben, werden Sie hier nicht finden, manches vielleicht auch anders. Ich habe aufgeschrieben, was mir persönlich nach gründlichem Nachdenken wichtig und wissenswert erschien. Geschichte ist ja nicht ‚an sich' da, über sie zu sprechen und zu schreiben bedeutet immer auch, bestimmte Sachverhalte auszuwählen und bestimmte Blickrichtungen einzunehmen, andere hingegen auszuschließen. Das hat nichts mit Beliebigkeit zu tun. Ich hoffe, im Laufe der Lektüre geht Ihnen auf, warum ich dieses und jenes in den Vordergrund gerückt habe. Eine wichtige Rolle spielte dabei, **was aus der Welt der Griechen und Römer für uns heute noch Bedeutung haben könnte**. Anderes wurde hervorgehoben, damit Sie erkennen, dass es im Lauf der Geschichte auch Lebensformen und Denkweisen gab, die sich von denen heutzutage grundlegend unterschieden haben. Geschichte hat es nämlich niemals nur mit dem Erklären der Gegenwart zu tun, sondern immer auch mit den reichen Varianten menschlicher Existenz. In jedem Fall berücksichtigt mein Text den **gegenwärtigen Stand der wissenschaftlichen Diskussion**.

Manches von dem, was ich Ihnen hier vorstelle, werden Sie zur Vertiefung ausführlicher, genauer oder aus einer anderen Perspektive nachlesen wollen. Dafür finden Sie am Ende einige weiterführende Literaturhinweise. Dieser Abriss enthält ferner keine Karten, daher sollten Sie bei der Lektüre auf jeden Fall einen historischen Atlas benutzen und ein allgemeines, nicht zu knappes Lexikon griffbereit haben. Bei ‚Wikipedia' sollten Sie immer daran denken, dass die Einträge dort von sehr unterschiedlicher Qualität sind und Sie selbst das nicht leicht überprüfen können. Vor allem bei der Ausarbeitung eines Referates werden Sie weitere Hilfsmittel heranziehen müssen.

Gegenüber der zweiten Auflage (2004) ist in dieser Neuausgabe der Text vielfach verbessert worden; einige Unterabschnitte sind mit Blick auf anstehende Abiturthemen in verschiedenen Bundesländern hinzugekommen.

Uwe Walter

Prof. Dr. Uwe Walter

Griechenland

Warum die Griechen?

Vielleicht haben Sie sich schon einmal gefragt, warum Sie sich in der Schule mit den Griechen im Altertum beschäftigen sollen, nicht aber mit der frühen Geschichte von Mittelamerika oder China, obwohl daraus auch viel zu lernen wäre. Eine mögliche und oft gegebene Antwort: In Griechenland stand die Wiege **Europas** und als Europäer sollten wir uns der Anfänge unserer Kultur bewusst sein. Viele Fremdwörter kommen aus dem Griechischen, ja ganze Fachsprachen; mit den Schriften der griechischen Philosophen beschäftigt man sich noch heute, und manche öffentliche Gebäude in europäischen und amerikanischen Städten erinnern an griechische Tempel.

Das Jefferson-Memorial in Washington D. C. ist ein spätes Zeugnis für architektonischen Klassizismus. Der zwischen 1934 und 1943 errichtete Bau war eine Kombination aus mehreren antiken Elementen. Der Giebel und die Säulenvorhalle erinnern an einen Tempel, der Rundbau dahinter mit seiner Kuppel eher an das Pantheon in Rom. Typisch für die klassizistische Auffassung war die marmorweiße Schlichtheit, die vor allem durch Größe und klare Formen wirken sollte. In der Antike waren Tempel und Skulpturen bunt bemalt, aber von der Farbe hat sich natürlich nur wenig erhalten.

Freilich muss man kein Experte sein, um zu erkennen, dass die Griechen doch sehr anders gelebt, gedacht und gehandelt haben als wir heute und dass es deshalb nicht ganz leicht ist, ihre Kultur und Geschichte zu verstehen. Dennoch bleibt unbestreitbar: Über lange Zeit haben sich zumindest die Gebildeten in vielen europäischen Ländern, zumal in Deutschland und England, selbstverständlich auch im 1832 neu gegründeten Staat Griechenland (Ellás), den antiken Griechen sehr nahe gefühlt. Die Literatur dieser Griechen oder ‚Hellenen' zu lesen, ihre Kunstwerke zu betrachten, etwas über ihre Geschichte zu erfahren, all das mache – so glaubte man – den Menschen besser, mache ihn ‚humaner', also ‚menschlicher'. Der Weg zu mehr Glück für jeden Einzelnen und zu mehr Zivilisiertheit durch eine gemeinsame Basis von Werten und Verständigungsmöglichkeiten für alle sollte durch **Bildung** geöffnet werden, und das hieß zu einem beträchtlichen Teil: über die Beschäftigung mit den Griechen. Besonders stark war diese Überzeugung in der Zeit des sogenannten **Neuhumanismus**, der etwa in der Lebenszeit Goethes (1749–1832) zur vollen Blüte kam. Seit etwa 1830 und weit bis ins 20. Jahrhundert hinein lernten fast alle Schüler der höheren Schulen Griechisch, und die griechische Geschichte erhielt einen festen Platz im Geschichtsunterricht. Eine direkte Nutzanwendung des dabei erworbenen Wissens war gerade nicht das Ziel. Das griechische Wort *scholê,* von dem sich ‚Schule' ableitet (vgl. engl. school, franz. école) bedeutet ‚Muße'. Damit ist nicht etwa ‚Abhängen' oder sinnentleertes Zeittotschlagen in der Freizeit gemeint, sondern die lustvolle Anstrengung beim Streben nach Selbst- und Welterkenntnis.

Dichter und Schriftsteller orientierten sich an Formen der griechischen Literatur, wie überhaupt viele Gattungen der Literatur von den Griechen ‚erfunden' worden waren (Epos, Drama, Lyrik, Epigramm, Dialog, Rede usw.). Wenn die Goethezeit in der Literaturgeschichte als **Klassik** bezeichnet wird, so kommt auch darin zum Ausdruck, dass eine bestimmte Vergangenheit, eben die der Griechen, als vorbildhaft betrachtet wurde. Wichtig war auch, dass das Neue Testament als der für die Christen bedeutendste Teil der biblischen Überlieferung in griechischer Sprache geschrieben war.

Sich auch heute noch mit den antiken Griechen zu befassen, ist also zu einem guten Teil einer **Tradition** zu verdanken, die häufig auch dort weiterwirkt, wo wir uns dessen gar nicht bewusst sind. Die folgende Darstellung zielt darauf ab, bestimmte Grundfragen menschlichen Zusammenlebens und Begriffe wie Staat, Politik oder Partizipation (Teilhabe) an dem besonders erhellenden Beispiel der Griechen zu entwickeln. Der Schwerpunkt liegt aber bei der eigentlichen Aufgabe eines Historikers, nämlich eine vergangene Zeit in ihrer Eigenart und Unverwechselbarkeit zu verstehen.

Übersicht: Die Hauptabschnitte (Epochen) der griechischen Geschichte

Ägäische Bronzezeit ca. 2500– ca. 1050 v. Chr.	• Ausbildung eines Netzes von monarchisch regierten, gut organisierten Palastherrschaften auf Kreta (minoische Kultur), dem griechischen Festland (mykenische Kultur; Linear B-Schrift) und in Kleinasien (Troja) • großräumige Migrationsbewegungen (sog. Seevölkerwanderung) mit Auswirkung auf das Festland und Kleinasien
‚Dark Ages' ca. 1050–800 v. Chr.	• starke Rückentwicklung in allen Lebensbereichen: Bevölkerung (Verringerung, Verschiebungen), Wirtschaft (weitgehendes Fehlen eines überregionalen Handels), Kultur (Verlust der Schriftlichkeit) und Politik (Verschwinden der Palastherrschaften zugunsten kleinräumiger, sehr gering organisierter vorstaatlicher Gemeinden) • Verdrängung der Bronze als Hauptgebrauchsmaterial durch das Eisen, das nicht aufwendig importiert werden muss; Werkzeuge für Krieg und Landwirtschaft werden damit nicht mehr von einer kleinen Elite kontrolliert, sondern stehen einer breiteren Schicht zur Verfügung
Archaische Zeit ca. 800–490 v. Chr.	• Ausbildung des Raumes der griechischen Geschichte durch politische Formierung der Regionen auf dem Festland und Gründung von Siedlungen an zahlreichen Küsten des Mittelmeeres und Schwarzen Meeres • aus kleinen Siedlungsgemeinschaften heraus Ausbildung der typischen Formen griechischer Bürgerstaatlichkeit: Stadtstaat (Polis), Stammstaat (Ethnos) und Bundesstaat (Koinon) • Merkmale und Wirkkräfte der Verdichtung: Schriftlichkeit (Alphabet), feste Ämter, Rollen und Institutionen, Aufschreiben bestehender und neuer Regelungen in Gesetzesform, zeitweise Alleinherrschaft einzelner Aristokraten (Tyrannis), Kampf in geschlossener Formation schwer bewaffneter Krieger (Hoplitenphalanx), Verehrung von Polisgöttern, Münzprägung, monumentale Kunst (Tempel, Plastik) • im Zuge dieser Entwicklung Ausbildung einer kulturellen Bestimmung des „Grieche Seins": Epen Homers, Kultur des Symposiums, Mythen, gemeinsame Sprache, Teilhabe an bestimmten gemeingriechischen Einrichtungen (Delphisches Orakel, Olympische Spiele u. a.)

Klassische Zeit 490 – 338 v. Chr.	• Abwehr der Perser (490–479/449 v. Chr.) • demokratischer Bürgerstaat in Athen – Blüte des griechischen Dramas und der Bildenden Kunst • Großmächtedualismus zwischen Athen (Attischer Seebund) und Sparta (Peloponnesischer Bund): Peloponnesischer Krieg (431–404 v. Chr.) • wechselnde Hegemonien (Bündnisse unter Führung einer Stadt) ab 404 v. Chr. • Aufstieg Makedoniens zur Großmacht
Hellenismus 338 – 30 v. Chr.	• Griechenland unter makedonischer Herrschaft • Eroberungszug und Weltreich Alexanders des Großen (reg. 336–323 v. Chr.) • Begründung von drei großen und mehreren kleineren Nachfolgereichen (Diadochenreiche) unter charismatischen Königen; zahlreiche Kriege um Macht und strittige Gebiete (u. a. Syrien) • Blütezeit der föderativ verfassten Bundesstaaten • Entwicklung einer ‚modernen' und ‚globalen' Kultur: hohe Mobilität von Menschen, Ausbildung einer griechisch geprägten ‚Leitkultur' mit regionalen Ausprägungen, Existenz konkurrierender Sinnangebote (Religion, Philosophie), multikulturelle Großstädte (Alexandria, Antiochia), Bemühen um ein Erfassen der Welt durch Sammeln, Beobachten, Vermessen und Deuten • ab 221 v. Chr. politische Unterwerfung der hellenistischen Welt durch Rom, zuletzt 30 v. Chr. Annexion des ptolemäischen Ägypten; damit ist die griechische Geschichte endgültig ein Teil der Geschichte des Römischen Reiches und der politische Hellenismus beendet; als kulturelle, durch bestimmte Lebensformen gekennzeichnete Formation (s. o.) dauert der Hellenismus sehr viel länger, die römische Kaiserzeit hindurch bis zur arabischen Expansion (7./8. Jh. n. Chr.), in einigen Bereichen auch darüber hinaus bis zur osmanischen Eroberung Konstantinopels 1453

Einen geschichtlichen Zusammenhang von mehreren Jahrhunderten in kleinere Einheiten zu gliedern macht ihn nicht nur übersichtlicher und hilft beim Lernen. Es ist vor allem eine durchaus anspruchsvolle gedankliche Operation. Historiker nennen das **Periodisierung** und meinen damit den Versuch, längere Zeitabschnitte gegenüber dem mechanisch benannten Fortschreiten der Zeit (Jahr, Jahrzehnt, Jahrhundert) so mit einem Sinn aufzuladen, dass sie unter dem gewählten Gesichtspunkt jeweils eine **Einheit** (Periode, Epoche, Zeitalter) bilden. Einzelne Ereignisse erhalten so den Rang von Einschnitten oder **Zäsuren**. Über diese Einheiten und Zäsuren kann und muss immer wieder diskutiert werden. Es ist nämlich, um zwei Beispiele zu nennen, keineswegs selbstverständlich, das, was sich an vielen Schauplätzen im Mittelmeerraum zwischen Homer und Kleopatra entwickelte und ereignete, als ‚griechische Geschichte' zu bezeichnen oder die Kriegshandlungen zwischen 431 und 404 v. Chr. ‚Peloponnesischer Krieg' zu nennen. Aber für beides gibt es gute Gründe.

Anders als die römische Geschichte lässt sich die griechische nicht von einem Ort aus in den Blick nehmen und erzählen. Die Epochenbezeichnungen in der griechischen Geschichte folgen keinem einheitlichen System. Sie charakterisieren die materielle Grundlage (‚Bronzezeit'), unsere begrenzten Erkenntnismöglichkeiten (‚Dark Ages') oder sind voraussetzungsreiche Stilbegriffe aus der Kunstgeschichte (‚archaisch': altertümlich, ursprünglich; ‚klassisch': allseitig entwickelt, vorbildhaft). Der Begriff ‚Hellenismus' wurde gar von einem einzigen Historiker – Johann Gustav Droysen (1808–1884) – geprägt.

Die Welt der griechischen Stadtstaaten

Bedingungen und Grundformen

Das Handeln der Menschen in früheren Gesellschaften und die hinter dem Handeln stehende Mentalität, also die Summe der Werte, Normen, Ziele und Verhaltensweisen, können nur vor dem Hintergrund des Landes, in dem diese Menschen lebten und arbeiteten, verstanden werden. Dieser Zusammenhang zeigt sich bei den Griechen besonders deutlich.

Naturräumliche Voraussetzungen: Landschaft, Klima, Landwirtschaft

Griechenland bildete im Altertum keinen Einheitsstaat. Eine wesentliche Voraussetzung für die Vielgestaltigkeit der griechischen Staatenwelt, die aus der nationalstaatlichen Sicht des 19. Jahrhunderts als Zersplitterung erscheinen musste, bildete die **Kleinräumigkeit** des Siedlungsraumes im griechischen Mutterland, d. h. auf der Peloponnes und in Mittelgriechenland, sowie auf den zahlreichen Inseln (etwas anders sah es in Thessalien und Makedonien im Norden aus). Die bis zu 3 000 m hohen Gebirgsketten gliederten die Landschaft sehr stark und reichten mitunter bis ans Meer heran. Dazwischen lagen zum Meer hin offene Täler, sodass der Verkehr zu Wasser leichter war als zu Land.

Das **Meer** war den Griechen von frühester Zeit an vertraut. Kaum an einer Stelle war man mehr als 50 Kilometer oder zwei Tagesreisen von ihm entfernt. Vom griechischen Mutterland nach Kleinasien konnte man nach Sicht über die Inseln ‚springen'. Die Griechen haben das Meer immer als ein verbindendes, nicht als trennendes Element empfunden, und zu allen Zeiten gab es Leute, die sich aufmachten, als Händler, Söldner, Siedler oder mobile Experten (Künstler, Ärzte) fern der Heimat ihr Glück zu suchen.

Doch die Zahl dieser Leute war im Vergleich zu der der sesshaften Bauern klein. Die Landwirtschaft war weitgehend **Subsistenzwirtschaft**, d. h., ein Bauer erwirtschaftete nur wenig mehr, als er und seine Familie zum Leben brauchten. Für Ackerbau und Ölbaumkultur[1] waren viele Landstriche nicht geeignet; Herden von Schafen und halb verwilderten Ziegen bevölkerten die kargen Berghänge. Pferde wurden – wie in der ganzen Antike – nicht als Arbeitstiere gebraucht, sondern für den Krieg und als Statussymbol; sie zu züchten bedeutete, zur Oberschicht zu gehören. Die Grundlagen des Ackerbaus waren stets gefährdet, weil die ohnehin dünne Humuskrume vom Winterregen abgeschwemmt zu werden drohte. Terrassierungen und Feldmauern sollten das verhindern. Die Verkarstung des Landes wurde durch die intensive Bewirtschaftung, Abholzung und Ziegenverbiss noch begünstigt. Das Klima war feucht-gemäßigt im Winter, trocken-heiß im Sommer; die Ernte fand daher vielerorts schon im Mai/Juni statt.

Vielfach standen die Menschen, die das Land bestellten, auch in einem Abhängigkeitsverhältnis zu einem Grundbesitzer, indem sie Kleinpächter oder gar Hörige waren. Letztere waren von jeder politischen Mitwirkung in der Regel ausgeschlossen. In Sparta bildeten sie sogar eine geschlossene, einst kriegerisch unterworfene Bevölkerungsgruppe. Diese sog. **Heloten** wurden von den herrschenden Spartanern misstrauisch überwacht und unterdrückt. Insgesamt aber herrschte in den meisten griechischen Staaten der kleine bäuerliche Grundbesitz vor, der von der Familie, allenfalls unterstützt von wenigen Sklaven oder Tagelöhnern – heute würde man sie Zeitarbeiter nennen – bewirtschaftet wurde. Die kleinste Einheit des wirtschaftlichen und sozialen Lebens hieß **Oikos**, ‚Haus'. Der Begriff umfasste den Oikosherren mit seiner Familie, alle Abhängigen, das Vieh, die Arbeitsgeräte, alle Gebäude und den Landbesitz, somit sämtliche Lebensgrundlagen seiner Bewohner. Die Regeln und Verhaltensweisen zur richtigen Führung eines Oikos nannten die Griechen ‚Ökonomie'; zu ihr gehörte nicht nur ein nüchternes, ertragsorientiertes Kosten-Nutzen-Denken, sondern etwa auch das Gebot, dass sich der Mächtige gegenüber

1 Das aus den Früchten des Ölbaumes herausgepresste Öl (Olivenöl) wurde als Nahrungsmittel, aber auch als Brennstoff kleiner Öllampen verwendet.

dem Schwächeren verantwortungsvoll verhalten soll. Umgekehrt waren alle Mitglieder des Oikos gegenüber ihrem Herrn zu unbedingter Loyalität verpflichtet. Jeder Oikos war ferner in eine Dorfgemeinschaft eingebunden. Ihre Mitglieder waren zur gegenseitigen Hilfe verpflichtet; zugleich wurde das Verhalten des Einzelnen – ob er fleißig war oder sich die richtige Frau nahm – streng beobachtet und gegebenenfalls gerügt (soziale Kontrolle).[2] Man kann einige Züge der viel später entwickelten Bürgerstaatlichkeit und Demokratie auf die nachbarschaftliche Dorfgemeinschaft zurückführen. Eine weitere, schon bei **Hesiod** deutlich zu erkennende Eigenheit war die **öffentlichkeitsorientierte Lebensweise**. Sie bildete eine wichtige Voraussetzung für die politische Kultur der Griechen: Debatten und Kontroversen unter freiem Himmel kennzeichneten die typisch mittelmeerische ‚Palaverkultur', ohne welche die Entwicklung zum **Bürgerstaat**, also einer von den Bürgern getragenen politischen Ordnung, nicht denkbar gewesen wäre. Die athenische Demokratie bildete dabei einen – sehr wichtigen und interessanten – Sonderfall.

Die griechische Polis

Es gab verschiedene Ausprägungen des griechischen Bürgerstaates: den für sich stehenden **Stadtstaat** (Polis) und den von mehreren, oft dörflichen Gemeinden gebildeten **Stammstaat** (Ethnos), der sich von der Polis v. a. durch eine geringere Besiedlungsdichte und schwächere Intensität des politischen Lebens unterschied. Die eingebürgerte Bezeichnung bedeutet nicht, dass diese Form von Staaten auf echter, urtümlicher Verwandtschaft ihrer Bewohner beruhte. Die ethnische (stammesmäßige) Selbstdefinition ergab sich, weil die Griechen gern eine historisch gewachsene oder künstlich geschaffene Zusammengehörigkeit durch die Konstruktion einer gemeinsamen Abstammung zu überhöhen suchten. Das galt besonders im Falle eines Zusammenschlusses kleinerer Gruppen zu einem größeren Verband, der von einem tatkräftigen Anführer bewirkt worden sein soll; der ‚Stamm' oder das ‚Volk' ist dann nichts weiter als ein sehr gemischter, durch gemeinsame Interessen, Ziele und vor allem Erfolg vereinter Gefolgschaftsverband. Die im 19. Jahrhundert ausgeprägte, romantische Vorstellung, Völker seien große, ideale, gleichsam im Boden verwurzelte Abstammungsgemeinschaften mit einem eigenen Charakter, die sich auch als Ganze in Bewegung setzen können (‚Völkerwanderung'), ist längst überholt.

2 Eine wichtige Quelle sowohl für die bäuerliche Arbeitswelt im regelmäßigen Kreis des Jahres als auch für die sozialen Normen im Oikos und der Dorfgemeinschaft ist das Epos *Werke und Tage* des Dichters Hesiod (ca. 700 v. Chr.). Die späteren Werke der sog. Ökonomikliteratur, etwa von Xenophon (431–350 v. Chr.), bildeten Vorbilder für neuere Bücher zur Haushaltsführung, bis im 18. Jahrhundert vor allem durch Adam Smith die Nationalökonomie in den Mittelpunkt gerückt wurde.

Häufig wurde die Fiktion einer gemeinsamen Abstammung in späterer Zeit auch benutzt, um politische Ansprüche durchzusetzen. So rechtfertigten z. B. im 5. Jahrhundert die Athener ihre Herrschaft im Attischen Seebund (vgl. S. 53 f.) auch mit der Behauptung, von Athen sei die Besiedlung der ägäischen Inseln und eines Teils von Kleinasien ausgegangen, weswegen Athen die rechtmäßige Vormacht aller **Ionier** sei.

Der ‚Stammstaat' entwickelte sich später häufig zu einem föderativen Verband in Gestalt eines **Bundesstaates** *(Koinon)* weiter. So gab es im Boiotischen Bund unter Führung der Polis Theben (Mittelgriechenland) ein ausgeklügeltes System der Vertretung aller größeren und kleineren Gemeinden in den Bundesorganen und im Bundesheer.

Historisch am wichtigsten von allen Ausprägungen griechischer Staatlichkeit war die **Polis**. Eine Polis (Plur.: *Poleis*) war vor allem in der Regel sehr klein. Um 500 v. Chr. gab es in Griechenland und den anderen griechisch besiedelten Gebieten ca. 700 Poleis, von denen die meisten ca. 50–100 km^2 Territorium hatten. Die 8 200 km^2 Fläche von Kreta teilten sich mehr als 60 Poleis. Sparta (ca. 8 400 km^2), Athen (ca. 2600 km^2) und Korinth (ca. 880 km^2) waren ganz und gar untypisch.[3] Die Bevölkerungszahlen hat man mithilfe der Volkszählungen von 1889 und 1928 zu ermitteln gesucht. Danach betrug die mittlere Bevölkerungsdichte 35 Personen/km^2, die Normalpolis hatte also 1750–3000 Einwohner, d. h. ca. 400–900 Bürger. Wiederum Ausnahmepoleis waren Athen (im 5. Jahrhundert ca. 40 000 Bürger) und Sparta (ca. 8 000 Bürger). Wegen ihrer Überschaubarkeit waren die griechischen Poleis echte Stadtstaaten.

Der Begriff Polis steht für den zwiebelschalenartig gegliederten Raum (Umland, Siedlung, Zentrum) und die Bevölkerung: Die Polis war zugleich **Siedlung** und **Personenverband**. Anders als bei der mittelalterlichen Stadt spielte der Wohnort – innerhalb oder außerhalb der Siedlung – für die Zugehörigkeit und den Rechtsstatus keine Rolle. Als Personenverband war die Polis ferner nicht identisch mit der Siedlungsgemeinschaft, da nicht alle Einwohner Bürger waren. Vollbürger konnten nur erwachsene Männer sein, weil stets ein enger Zusammenhang zwischen der Fähigkeit, im Krieg für die Polis zu kämpfen, und den politischen Rechten bestand. In vielen Poleis gab es zusätzlich noch Vermögenskriterien für das volle Bürgerrecht oder für die Möglichkeit, politische Ämter zu bekleiden. Solche Einschränkungen, etwa durch ein Zensuswahlrecht, existierten auch noch in den meisten europäischen Staaten des 19. Jahrhunderts (in Preußen bis 1918).

3 Zum Vergleich: Das Saarland hat eine Fläche von 2 570 km^2, Hessen 21 114 km^2, Brandenburg 29 476 km^2.

Ganz ohne politische Mitwirkungsmöglichkeiten waren die Frauen und die ständig in der Polis lebenden Ausländer (in Athen hießen sie Metoiken, ‚Mitwohner'). Allerdings gab es auch den Begriff *politis,* Bürgerin, und im Kult für zahlreiche Gottheiten spielten Frauen eine zentrale Rolle. Auch persönlich rechtlos und zusätzlich Eigentum anderer Menschen schließlich waren die **Sklaven**, die gemeinsam mit den Freien im Haus und in allen Bereichen von Landwirtschaft, Bergbau und Handwerk tätig waren, aber auch rechtlich als Sache galten.

In ihrer ‚personalen' Dimension war die Polis integrierender Verband von Bürgern, die sich zusammengehörig fühlten, geeint v. a. in den religiösen Festen der Haupt-/Stadtgottheit und der geordneten Binnenstruktur, der ‚Verfassung' der Polis *(politeia).*

Nachdenken über die Verfassung der Polis: die politische Philosophie – und eine Eigenart griechischen Denkens überhaupt

Die verschiedenen Möglichkeiten von Verfassung waren seit dem 5. Jahrhundert v. Chr. Gegenstand intensiver Diskussionen, die in der politischen Philosophie des 4. Jahrhunderts v. Chr. bei **Platon** (429–347 v. Chr.) und **Aristoteles** (384–322) ihren Höhepunkt fanden und das politische Denken ab dem 16. Jahrhundert wieder stark beeinflusst haben. Mittelpunkt dieses Nachdenkens war die Polis, der Stadtstaat. Das friedliche Zusammenleben der Bürger zu sichern erschien den Philosophen vor dem Hintergrund der zahlreichen inneren Konflikte, die sich nicht selten zum offenen Bürgerkrieg steigerten, als die wichtigste Aufgabe. Die beste Verfassung bedeutete daher für Aristoteles nicht nur die ‚technische' Einrichtung von Institutionen und Regeln, sondern ihm ging es um nichts weniger als um die Vollendung der menschlichen Glückseligkeit in der Polis. Deutlich wird der Zusammenhang in seiner Definition des Bürgers:

> „Bürger ist allgemein gesagt, wem die Teilnahme am Herrschen und Beherrschtwerden offensteht, in jeder Verfassung ist er verschieden bestimmt, in der besten Verfassung ist Bürger derjenige, der fähig ist und die Entscheidung getroffen hat, ausgerichtet auf ein Leben nach der Norm höchster menschlicher Qualität zu herrschen und sich beherrschen zu lassen."[4]

Die politische Gemeinschaft bildet demnach die höchste Form der menschlichen Gemeinschaft; sie steht über anderen Zugehörigkeitskreisen wie Ehe, Haushalt, Dorfgemeinschaft, Untergliederungen der Bürgerschaft. Der Mensch

4 Aristoteles: Politik 1283 b, S. 42 ff., zit. n. Aristoteles: Politik. Übers. und erläutert von Eckardt Schütrumpf. Buch II/III, Berlin 1991, S. 74 (Aristoteles, Werke in deutscher Übersetzung 9,2).

ist Aristoteles zufolge ein *zôon politikón,* ein Lebewesen, das durch das Leben in einer Polisgemeinschaft erst zum Menschen wird. Wem dies verwehrt ist, etwa als Untertan des persischen Königs, kann seine Anlagen nicht allseitig ausbilden und entwickelt nicht die Fähigkeit, als Bürger selbst vernünftig Herrschaft auszuüben. Er ist dazu verdammt, wie ein Sklave im Haus ‚despotisch' (von *despótês,* ‚Herr') beherrscht zu werden.

Im Mittelpunkt des Interesses stand für Aristoteles die **Teilhabe** des Bürgers am Gemeinwesen. Daraus bildete sich ein Schema heraus, das die in der Wirklichkeit sehr verschiedenen politischen Ordnungen nach zwei Kriterien klassifizierte, nach der Qualität und der Anzahl der Herrschaftsberechtigten:

Qualität/Wer herrscht?	Einer	Wenige	Alle
gut	Basileia	Aristokratie	Politie
schlecht	Tyrannis	Oligarchie	Demokratie

Die Ausbildung des Schemas zeigt eine **Eigenart des griechischen Denkens:** Die vielfältige Wirklichkeit wird durch Abstraktion vereinfacht und ‚auf den Begriff gebracht'. Die Begriffe wiederum stehen einander als Gegensätze gegenüber. Es wird mit Argumenten um das Richtige gerungen, der Kompromiss ist dabei keine Option, die Herstellung des Konsenses kein hohes Ziel. Diese Neigung, Dinge zuzuspitzen, Argumente zu wägen, Alternativen klar herauszuarbeiten und dabei auf keine höchste Autorität Rücksicht nehmen zu müssen, hat das griechische Denken, die *theoría,* so dynamisch gemacht. Günstig war, dass in der griechischen Sprache sehr leicht neue Begriffe, auch solche abstrakter Natur, gebildet werden konnten. Techniken des Widerlegens und Begründens entwickelten sich, weil sie auch außerhalb von Philosophie und Wissenschaft ständig gebraucht wurden, zumal in Athen, das zu einer Hochburg des Denkens wurde: Vor Gerichten entschied eine Jury aus Hunderten von Bürgern, ob der Ankläger oder der Angeklagte die besseren Argumente vorgebracht hatte; vor politischen Entscheidungen in der Volksversammlung gab es nicht selten hitzige Debatten. Die Figur des **Sokrates** (ca. 470–399 v. Chr.) wäre nicht möglich gewesen, hätten nicht einige wohlhabende und gebildete Athener freie Zeit und Lust gehabt, ganze Tage über Dinge zu diskutieren, von denen sie am Anfang eine klare Ansicht hatten. Nur auf der Basis dieser Voraussetzungen – Bereitschaft zur Auseinandersetzung mit Argumenten auf der Grundlage von zuvor geklärten Begriffen – konnten sich einzelne ‚Wissensordnungen' für bestimmte Gebiete herausbilden; wir würden heute von Wissenschaftsdisziplinen sprechen. „Wenn **Wissenschaft** bedeutet, Sachverhalte systematisch gemäß ihrer spezifischen Logik innerhalb eines abgegrenzten Gebietes zu durchdenken, dann ist sie in der griechischen Kultur entstanden, deutlich zu sehen bei Mathematik und Philosophie und Historie. [...] In einem enormen Tempo differenzierten sich in der klassischen Zeit Wissensgebiete aus. Dazu brauchte es besondere kulturelle Konstellationen: eine städtische Kultur, großräumige Kommunikation, eine substanzielle Quote von Menschen, die nicht arbeiteten, sondern Muße pflegten; keinerlei religiöse Bedenken, wenn es ums Prüfen ging. Soziale Autorität behinderte den geistigen Austausch in weitaus geringerem Maße als etwa in Rom. Idealerweise zählte nicht der soziale Rang des Sprechers, sondern die Stärke seines Arguments. Daher das Vergnügen an der logischen Sauberkeit einer Argumentation, an ihrem zwingenden Charakter, sogar dann, wenn die gedachten Konsequenzen Erstaunliches, ja Schreckliches ergeben."[5]

Eine wesentliche Voraussetzung für diese Dynamik bestand, wie schon angedeutet, darin, dass die **Religion** anders als im Christentum oder im Islam keine Quelle unbedingter Autorität war. Man musste den Göttern opfern, aber sie verboten nicht, das Denkmögliche auch tatsächlich zu denken. Umgekehrt gaben die Götter oder eine von Priestern verkörperte Theologie keine politische Ordnung vor – und sie schützten auch keine. „So experimentierten die Griechen bereits in der archaischen Zeit mit der Ordnung. Deren Veränderbarkeit beängstigte: Die gewaltsamen Auseinandersetzungen im Innern der Polis und die Umstürze der Ordnung waren endemisch [d. h. eingewurzelt, sehr häufig]. *Stasis* nannten die Griechen jene Plage. Um diese Konflikte einzudämmen, mussten sie die Institutionen stärken. Die griechische Polis entstand überwiegend im Kampf darum, wie man die Konflikte innerhalb der Bürgerschaften institutionellen Regelungen unterwarf." Die politische Philosophie seit dem 5. Jahrhundert v. Chr. spiegelt diese Nöte der Polisgemeinschaften, sie ging dabei aber verschiedene Wege.

Aristoteles hatte ein klares Bild von einer ‚guten' Polis. Unter anderem sollte sie groß genug sein, um sich selbst versorgen und regieren zu können (Autarkie, Autonomie). Sein Denken war durchaus an die Wirklichkeit zurückgebunden, und er suchte diese in ihrer Vielgestaltigkeit durch eine fein differenzierte Begrifflichkeit und ein abgestuftes System von analytischen Kategorien zu erfassen. Damit wurde er zum Begründer der Politischen Wissenschaft und setzte sich auch bewusst von seinem Lehrer Platon ab. Dieser hatte einen radikal anderen Weg beschritten: die **Utopie**. In seiner Schrift *Politeia* – meist mit „Der Staat" übersetzt – konstruierte er von bestimmten Voraussetzungen

5 Egon Flaig, Unsere fremd gewordene Antike. Warum wir ihr mehr verdanken, als wir noch wahrhaben wollen, in: Neue Zürcher Zeitung Nr. 232 v. 6.10.2001, S. 85; ebenda auch das folgende Zitat im Text.

her eine bestmögliche Polis. Dabei kam es ihm nicht darauf an, ob das Modell in die Wirklichkeit umgesetzt werden konnte oder nicht, sondern darauf, die Kritik an der Wirklichkeit mit einem geschlossenen, diealen Gegenbild, einer Gegenwelt an einem ‚Nirgend-Ort' (so die Wortbedeutung) zu formulieren.

Vor diesen Voraussetzungen ist verständlich, warum das politische Denken im nachmittelalterlichen Europa so stark auf die Griechen zurückgriff: Diese boten nicht nur Instrumente und Kategorien, um die eigene, neuzeitliche Wirklichkeit begrifflich zu fassen, sondern auch ein Modell, über Phänomene wie Macht und politische Ordnung ohne theologische Fesseln frei nachzudenken, sei es analytisch oder in Form der literarischen Utopie, in der sich durch die Schilderung einer idealen Welt Kritik an den bestehenden Verhältnissen der eigenen Gegenwart formulieren ließ.

Grundelemente der Polis

- Die **Volksversammlung** war identisch mit der ganzen Bürgerschaft, die sich von Polis zu Polis unterschiedlich zusammensetzte. In der Versammlung wurde beraten und letztgültig entschieden. Alles war prinzipiell Sache des Volkes, auch religiöse Angelegenheiten und ‚Privates', Kontrolle der Beamten, Gesetze, Wahlen/Losung der Ämter. Die Volksversammlung war nicht nur Beschluss-, sondern auch Gerichtsorgan; das Volksgericht bildete eine Art Ausschuss der Volksversammlung.
- Jede Polis hatte mindestens ein **Ratsorgan** (in Athen: der Areopag und der Rat der 500; in Sparta: die Gerusie; in Rom [das in dieser Hinsicht auch eine Polis war]: der Senat); dabei gab es sehr verschiedene Rekrutierungskriterien (Wahl, Losung, Eintritt durch Ämter), Zugehörigkeiten (Dauermitgliedschaft oder Rotation), Kompetenzen und Größen (500 in Athen; 28+2 in Sparta; 300/600 in Rom).
- Die Entwicklung der **Ämter** zeichnete sich durch wachsende Aufgliederung verschiedener Funktionen und Aufgaben zwischen den einzelnen Beamten und durch die Ausbildung von Kollegien aus mehreren, gleichberechtigten Amtsträgern, oft gekoppelt mit Beschränkungen der Amtsdauer. Offensichtlich sollte die Macht der Amtsträger durch diese kollegiale Organisation kontrolliert werden (Intraorgankontrolle), hinzu kam die Aufsicht durch die Ratsgremien und die Volksversammlung (Interorgankontrolle).

Diese Dreiteilung hat nichts zu tun mit der neuzeitlichen Gewaltenteilung in Legislative, Exekutive und Judikative. Die Idee der Einhegung der übermächtigen staatlichen Gewalt durch Teilung und wechselseitige Kontrolle der Verfassungsorgane ist modern, ihre Umsetzung gelang erstmals 1787 in den USA (‚checks and balances'). In der Antike gab es keine Verfassungsurkunden[6], keine Rechte der Bürger gegen den Staat, keine exakt festgelegten Kompetenzen. Letztlich beruht diese Tatsache darauf, dass in der Antike kein Unterschied zwischen Staat und Gesellschaft bestand. In der Neuzeit ging, sehr vereinfacht gesagt, die Entwicklung aus vom starken, seinem Anspruch nach absoluten Staat, gegen den sich die bürgerliche Gesellschaft durch Verfassungen, die oft in Revolutionen erkämpft wurden, zu schützen suchte.

Die Identität von Staat und Gesellschaft (Staat = Bürgerschaft = Polis) in Griechenland ist es auch, die es möglich macht, etwa die athenische Demokratie gleichzeitig als die am weitesten gehende Partizipationsdemokratie der Weltgeschichte wie auch als totalen Staat, der eine starke Kontrolle des Kollektivs über den einzelnen Bürger ausübte, anzusehen. So war Religion in ihrem praktischen Vollzug für die Griechen nicht Privatsache. ‚Frömmigkeit' bedeutete, an die Wirksamkeit des symbolischen Systems aus Tempeln, Festen und Opfern zu glauben, das die Polis geschaffen hatte, um die Beziehungen zwischen den Menschen und den Göttern zu regeln. Ein guter Bürger musste daran so aktiv wie möglich teilnehmen. Die uns vertraute Trennung von Religiösem und Weltlichem war den Griechen also ganz fremd; fast alle menschlichen Handlungen hatten eine religiöse Dimension und waren von religiösen Handlungen begleitet. Andererseits gab es keine Spezialisten, die durch ein besonderes Wissen um das Göttliche (Theologie) oder einen göttlichen Auftrag eine irgendwie göttlich begründete Herrschaft (Theokratie) hätten beanspruchen können.

Die Polis als Staat

Am Beispiel der griechischen Polis, die ja nicht mit einem Mal ins Leben getreten ist oder in irgendeiner Weise theoretisch ‚vorgedacht' war, kann man sich einmal grundsätzlich klarmachen, was der Begriff ‚Staat' eigentlich bedeutet. Lässt man das sehr umfassende moderne Verständnis des Begriffes einmal beiseite, so gibt es gute Gründe, folgende Kriterien von **Staatlichkeit** zu setzen:

- ein Mindestmaß an **Zentralisierung von Autorität**, die verbindliche Entscheidungen nach verbindlichen Regeln durchzusetzt,
- ein Minimum an etablierten, **festen Herrschaftsstrukturen**, die nicht bloß ungesichert, situationsbezogen und personengebunden existieren, sondern vom konkreten Inhaber abgelöst sind und als **Rollen, Funktionen, Institutionen** bestehen,

6 ‚Verfassungen' bestanden in der Antike aus der Summe der einschlägigen Gesetze und – ganz wichtig – aus den ungeschriebenen Regeln des Althergebrachten. Die Römer hatten dafür einen sinnfälligen Begriff: die ‚Sitte der Vorfahren' (*mos maiorum*); dazu siehe S. 71.

- die Existenz **allgemeingültiger Funktionen und Verfahren**, um Beschlüsse herbeizuführen und verbindlich zu machen, welche die ganze Gruppe binden, und um **Streit und Konflikte** zu regeln mit dem Ziel der Sicherstellung des innergemeindlichen Friedens, wobei diese Regeln und Verfahren allgemein akzeptiert werden müssen,
- die **Sicherung der notwendigen Akzeptanz durch Legitimität**, d. h. die dauerhafte Anerkennung der Regeln, Verfahren und Institutionen, weil nur so die Friedenssicherung funktionieren kann und alle Gruppenmitglieder zur Verteidigung des Ganzen genötigt sind.

Die Polis als Stadtstaat und Bürgergemeinschaft

Charakteristisch für (nicht nur antike) Stadtstaaten war die starke **Integration** der Bürgerschaft durch religiöse Kulte, kollektive Erinnerungen und Mythen sowie gemeinsame Handlungen. Darin drückte sich auch das Bemühen aus, dem immer drohenden Zerfall der Bürgerschaft in feindliche Interessengruppen (*stàsis*, vgl. S. 11) mit den schlimmen Folgen – Bürgerkrieg, Vertreibungen, Enteignungen – entgegenzuwirken. Dazu ein sinnfälliges Beispiel: Im Jahre 403 v. Chr. befand sich Athen nach der Niederlage gegen Sparta (vgl. S. 55 f.) im Bürgerkrieg. Nach einer blutigen Schlacht zwischen den Demokraten und den Anhängern der sog. Dreißig Tyrannen tritt ein Mitglied der Priesterschaft von Eleusis vor Letztere hin und hält eine fulminante Rede:

> „Mitbürger, warum vertreibt ihr uns? Warum trachtet ihr danach, uns zu töten? Wir haben euch doch niemals ein Leid zugefügt, sondern sind seit jeher mit euch zusammen Teilnehmer an den ehrwürdigsten Kulthandlungen, Opfern und allerschönsten Festen. Wir sind und bleiben Gefährten im Reigentanz, Gefährten in der Schule, Gefährten im Kampf. Die zahlreichen Gefahren, die wir mit euch zusammen zu Lande wie zur See bestanden, stehen für die unseren beiden Parteien gemeinsame Sicherheit und Freiheit. Bei den Göttern der Väter und Mütter, bei der gemeinsamen Abstammung, bei den Verschwägerungen und Freundschaften, da doch viele über diese Dinge miteinander verbunden sind: habt Achtung vor den Göttern und Menschen und hört deshalb auf, gegen das Vaterland zu fehlen! Verweigert den Dreißig und ihrer vollendeten Gottlosigkeit den Gehorsam! […] Wir können doch in Frieden als Bürger leben! Aber sie stiften uns zum allergrässlichsten, schlimmsten, gottlosesten, Göttern und Menschen meistverhassten Krieg an: zum Bürgerkrieg.“[7]

7 Xenophon, Hellenikà 2,4,20-22; Übers. Verf. – Zu beachten ist, dass auch diese ‚integrative‘ Rede extrem polarisiert; letztlich geht es dem Sprecher nur darum, das ‚Wir‘ größer zu machen und die Anführer der Gegenpartei zu isolieren.

Diese Integration der Bürgerschaft und die für die Polis typische Dichte und Direktheit von Politik, Religion und Kultur war nur denkbar in kleinräumigen Gemeinwesen mit einem zentralen Platz, der von allen Bürgern erreicht werden konnte und wirklich die Mitte der Gemeinde darstellte. In Griechenland war das die **Agora**, in Rom das **Forum**. Diese Direktheit in der sog. *face-to-face-society* zeigte sich v. a. auch in der Nähe und unmittelbaren Kommunikation zwischen Bürgern und Amtsträgern. Sie war möglich, weil das Siedlungszentrum und der politische Kommunikationsraum zusammenfielen. Letzterer war durch Tempel, Denkmäler und öffentliche Gebäude sichtbar ausgewiesen und verdichtet. Das öffentliche, ‚politische' Leben konnte so sinnlich unmittelbar erfahren werden, ganz gleich, in welcher äußeren Lage sich die Polis befand. Für ihren Status als Polis war es daher unerheblich, ob die jeweilige Gemeinde autonom und selbstständig war oder weite Teile ihrer Souveränitätsrechte an eine Führungsmacht (in den hegemonialen Bündnissystemen) oder Bundesorgane (in den föderalen Bundesstaaten) abgetreten hatte.

Der Untergang der bronzezeitlichen Kulturen als Voraussetzung für die Polis

Die minoisch-mykenische Kultur

Um das, was bis hierher systematisch skizziert wurde, historisch erklären zu können, ist ein kurzer Rückblick erforderlich. Im 2. Jahrtausend v. Chr. gab es in Griechenland und auf Kreta eine hoch entwickelte bronzezeitliche Kultur, deren Überreste noch heute Staunen erregen: die Ruinen des Palastes von Knossos auf Kreta, das Löwentor von Mykene (Peloponnes) und der ‚Schatz des Priamos'. Aber diese Kultur, die nach den bekanntesten Fundorten ‚minoisch-mykenische' genannt wird, musste erst untergehen, damit sich die Welt der griechischen Bürgerstaaten entwickeln konnte.

Zwar sprachen die Bewohner der Paläste und Siedlungen in der Bronzezeit wahrscheinlich bereits ein frühes Griechisch, und viele Orte, an denen später Heiligtümer und Tempel für die griechischen Götter standen, waren bereits in mykenischer Zeit Kultplätze. Der wesentliche Unterschied zur späteren Zeit besteht aber darin, dass in der mykenischen Kultur, so weit wir sehen, alles auf einen Palast ausgerichtet war. Zentral regierte Flächenstaaten gab es freilich auch in der Bronzezeit nicht. Die Paläste waren vielmehr Zentren autonomer

Einheiten unter der Herrschaft von Adelsgruppen.[8] Es bestanden vielfältige Verbindungen in den Osten, zumal die wesentliche Rohstoffbasis dieser auf Bronzeverarbeitung gegründeten Kultur, nämlich Kupfer und Zinn, importiert werden musste. Durch den Handel konnte sich in den Palästen eine künstlerisch hochstehende Kultur entwickeln. Berühmt sind etwa die Bilder der kretischen Stierspringer.

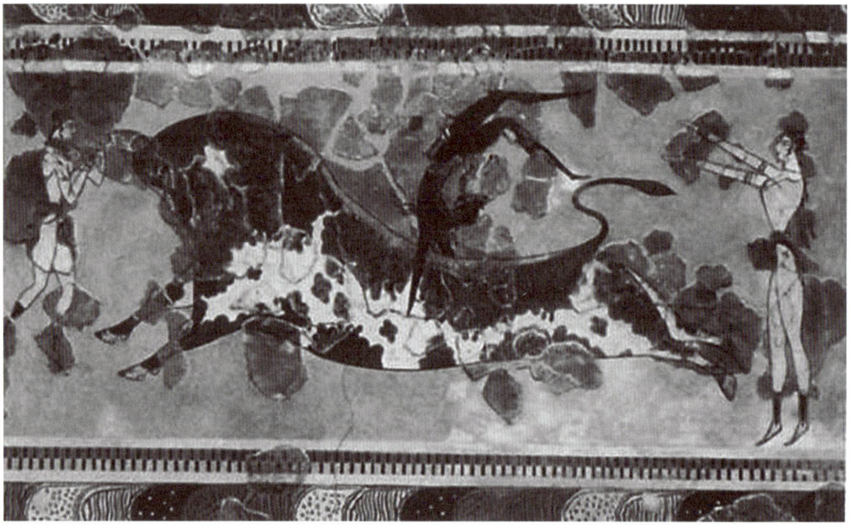

Eine Phase des Stierspieles. Aus einem Wandgemälde vom Ostflügel des spätminoischen Palastes in Knossos, Anfang des 15. Jahrhunderts v. Chr.

Überreste bezeugen eine gewaltige Organisationsleistung in den Palästen. Hier mussten große Ressourcen an Arbeitskraft, Know-how und Material bewegt und zusammengeführt werden. Das Netz wurde in den Palästen geknüpft, in einem hochgradig organisierten, hierarchischen Verwaltungssystem, das ein hohes Maß an Spezialisierung des Handwerks und der landwirtschaftlichen Produktion ermöglichte. Produktion, Aufbewahrung, Verteilung, Abgabenerhebung und Austausch waren zentral geregelt. Eine Voraussetzung für diese Steuerung war die Möglichkeit der Archivierung. Diese geschah mithilfe der **Linear B-Schrift**, die auf Tontäfelchen geschrieben wurde. Linear B war keine Alphabetschrift, sondern bestand aus ca. 90 Lautzeichen und ca. 150 sog. Ideogrammen für Personen, Tiere und Gebrauchsgegenstände; hinzu kamen – bezeichnend genug – eigene Zeichen für Maßeinheiten und Zahlen. Diese Schrift

8 Die Annahme, in den Palästen hätten ‚Könige' regiert, ist durch neuere Forschungen stark erschüttert worden.

war ungeeignet, Texte, also Literatur, Tatenberichte, Rechtssatzungen oder Gebete aufzuzeichnen. Sie diente allein dem Zweck, das Gedächtnis der Verwaltung zu sein, gebunden an die Paläste und die konkrete ökonomisch-soziale Organisation. Dass die Täfelchen gebrannt wurden und dadurch die Zeiten überdauerten, verdanken sie ironischerweise den Brandkatastrophen, in denen einige der Paläste und damit auch die soziale Voraussetzung der Schrift untergingen.

Der Niedergang der Paläste

Zwischen 1225 und 1150 v. Chr. endete die mykenische Palastkultur, und alles, was sie ausgemacht hatte – die hoch entwickelte Organisation und Verwaltung, das höfische Leben, der Austausch mit dem Orient, die Schrift und vieles mehr – ging zugrunde oder hörte auf, so gründlich, dass die späteren Griechen von diesem Teil ihrer eigenen Vergangenheit viel weniger wussten als wir heute. Für diesen Zusammenbruch waren mehrere Faktoren zusammen verantwortlich. Der Einbruch äußerer Feinde, vor allem der sog. Seevölker sowie von Gruppen aus dem Norden des Balkan, spielte dabei gewiss eine Rolle, wenn es auch sicher keinen Einbruch großer Massen von ‚Dorern' gegeben hat. Schon im 13. Jahrhundert v. Chr. führte ein Ansteigen der Bevölkerung oder ein zunehmender Prestigewettbewerb zwischen den Palästen zur verstärkten Ausbeutung der natürlichen Lebensgrundlagen, v. a. des Bodens. Hinzu kam ein wachsender Abgabendruck wohl durch gesteigerte Verteidigungsanstrengungen. Der festungsartige Ausbau der Paläste in jener Zeit legt eine Bedrohung von außen nahe. Die aufwendigen, aber unproduktiven Wehrbauten überlasteten das System und machten es anfälliger für Störungen von außen.

Zu der **Ressourcenüberdehnung** trat wohl auch eine Rohstoffknappheit. Die Metallzufuhr zu den mykenischen Zentren und der Getreideimport funktionierten Ende des 13. Jahrhunderts nicht mehr richtig, eine Folge der durch die Seevölker hervorgerufenen Unsicherheit im gesamten Ostmittelmeerraum. Diese Störung der Vernetzung im Verein mit äußeren Bedrohungen und der generellen Überforderung der knappen Produktionsmittel brachten das komplexe, hochgezüchtete und eben deshalb auch anfällige System der Paläste ins Wanken. Dann reichten ein kleines Erdbeben hier, eine Getreidekrise da, eine Barbarenhorde dort. Deshalb wurden auch Paläste aufgegeben, die gar nicht bedroht waren. ‚Kleine' Probleme und lokale Katastrophen führten so in einem Dominoeffekt zum Kollaps des ganzen Netzes.

Vor allem der Ausfall der Rohstoffimporte aus dem Osten war folgenreich, weil die Palastkultur auf dem Handel beruhte. War die militärische Selbstbehauptungsfähigkeit erst einmal einschneidend beeinträchtigt, so genügten wenige hundert Angreifer oder das Wegbrechen der Infrastruktur. Wahrscheinlich war das ganze Palastsystem ohnehin ein ‚Auslaufmodell', weil es die beschränkten Möglichkeiten einer auf der Landwirtschaft ruhenden Ökonomie generell überdehnte. Es währte daher auch nur relativ kurz (15.–13. Jahrhundert) und hätte vielleicht auch ohne die äußeren Einflüsse nicht viel länger überdauert. Die mykenische Kultur war nicht die letzte in der Geschichte, die an einer Überstrapazierung ihrer Möglichkeiten litt, aber ‚reformunfähig' war und schließlich durch begrenzte äußere Anstöße zusammenbrach.

Die Entstehung der Polis

Voraussetzungen

Nach dem Zusammenbruch der mykenischen Paläste gab es in Griechenland eine starke Rückentwicklung in wesentlichen Bereichen: Bevölkerungszahl, materielle Kultur und Wirtschaft. Die verbliebenen Siedlungen beherbergten kleine, anfangs noch weitgehend isolierte Gemeinschaften, die in sehr einfachen Verhältnissen lebten und keine staatlichen Strukturen aufwiesen.

Als **Gemeinschaftsaufgaben** wurden vor allem die Verteidigung gegen einen äußeren Feind und die öffentlich stattfindende innergemeindliche Streitbeilegung angesehen. Hierbei bestand ein ständiger Wettbewerb derer, die als Siedlungsführer bei der Lösung der Gemeinschaftsaufgaben eine führende Stellung beanspruchten. Indem sie im Krieg besonders tapfer und erfolgreich waren, in der Versammlung zu aller Zufriedenheit sprachen und entschieden, festigten sie ihre vornehme Position innerhalb der Gemeinde. Diese vor der Gemeinde besonders herausgehobenen Männer hießen *Basileis* (Sing.: *Basileus*); sie waren aber keine Könige im Sinne von monarchischen Herrschern.

Durch den dauernden Wettbewerb war der innere Zusammenhalt der Basileis als Gruppe gering; Einfluss und Ansehen musste jeder Einzelne immer neu durch Leistung rechtfertigen und festigen. Hier lag eine Wurzel des die griechische Ethik so tief prägenden **Aristieideals**, des Zieles also, „immer Bester zu sein und überlegen zu sein den anderen"[9]. Die von den Basileis erwartete Leistung aber bezog sich von Anfang an nicht nur auf die Gleichrangigen (wie etwa im Wettkampf oder beim Gabentausch), sondern auch auf das Wohl der Gesamtgemeinde, die nicht in ständiger Abhängigkeit gehalten war und des-

9 Homer: Ilias 6, 208 u. ö. Das griechische Adjektiv *áristos* bedeutet ‚der Beste', das Verb *aristeúein* ‚hervorragen', ‚sich hervortun'. Die Bezeichnung ‚Aristokrat' betont also Leistung und Wettbewerb, während ‚Adel' eher auf die ‚edle' Abstammung zielt. Ich verwende dennoch beide Begriffe nebeneinander und ohne Bedeutungsunterschied.

halb auch nicht beliebig mobilisiert werden konnte. Vor ihren Augen und in ihrem Interesse mussten sich die Basileis bewähren; das ‚Gerede im Volk' bildete einen entscheidenden Handlungsantrieb für jeden Einzelnen von ihnen. So lässt der Dichter Homer den Hektor, den besten Kämpfer der Trojaner, sich gegenüber seiner Frau Andromache rechtfertigen, warum er nicht innerhalb der Stadtmauern bleiben kann, sondern in den offenen Kampf gegen Achilleus ziehen muss, obwohl sein Tod dort fast sicher ist:

> „auch mir gehen diese dinge durch den kopf, andromache; aber – ich würd mich in grund und boden schämen vor den troianern und unsern reichgekleideten frauen, tät ich mich jetzt drücken, dagegen wehrt sich in mir alles; ich hab gelernt, tapfer zu sein und immer in vorderster reihe zu stehen – um ruhm und ehre für mich und meinen vater zu erringen; ich kann einfach nicht anders – so ist das nun mal. [...] zeus! Ihr götter alle! Macht dass dieser junge, mein sohn hier einmal wie ich zu den angesehensten troianern zählt, dass er gleich stark und tapfer wird; ein wahrer herrscher über ilios! Sollen die leute sagen, dass er mehr manns ist als sein vater, wenn er vom schlachtfeld kommt, mit der blutigen rüstung, die er einem feind abnahm, zur hellen freude seiner mutter!"[10]

Der Gemeinschaftsbezug als treibende Kraft

Bereits im frühesten, für uns durch die großen Epen des Dichters **Homer** (8. Jh.) literarisch greifbaren Stadium erscheint die Geschichte der Griechen von der Gemeinde als der maßgeblichen Form menschlichen Zusammenlebens geprägt. Zu Recht hat man darauf hingewiesen, dass die breite Ausbildung von Institutionen und Verfahrensweisen zur Beteiligung der Bürger im archaischen Griechenland ohne die Grundlage eines „strong principle of equality" (I. Morris) nicht denkbar gewesen wäre. In den homerischen Epen finden sich in diesem Sinne auch schon kritische Aussagen, die Egoismus und Versagen der hohen Herren anprangern.

Auslöser für die **Ausbildung staatlicher Strukturen** waren die immer komplexer und konfliktträchtiger werdenden Gemeinschaftsaufgaben und der zunehmende Zwang zur Mobilisierung aller Ressourcen gegen äußeren Druck. Indem die neuen Polisämter im Dienst der gesamten Gemeinde standen, blieb das Handeln der hohen Herren, die sich zu einer Gruppe von Adligen **(Aristokraten)** entwickelten, stark auf diese bezogen, auch wenn die Adligen aufgrund ihrer größeren Möglichkeiten weiterhin polisübergreifende Verbindungen im Rahmen traditioneller Formen wie etwa der Gastfreundschaft und des Geschenketausches unterhielten und sich durch aufwendigen Lebensstil ab-

10 Homer, Ilias 6, 441-46; 476-78 (übertragen von R. Schrott), der aus künstlerischen Gründen die Kleinschreibung verwendet.

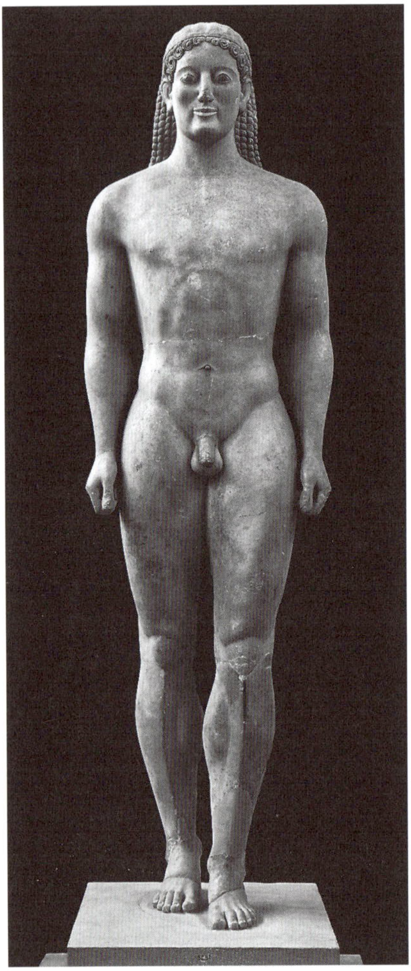

Diese fast lebensgroße Figur aus der Mitte des 6. Jhs. v. Chr., ein sog. **Kuros**, krönte das Grab des adligen Atheners Kroisos. Eine Inschrift forderte die Vorübergehenden auf, stehen zu bleiben und um den jung Verstorbenen zu trauern, den „der grausame Ares [der Gott des Krieges] in der ersten Reihe der Schlacht getötet hat." Die Darstellung abstrahiert jedoch von dieser Situation und zeigt den Verstorbenen nicht als Individuum, sondern als idealen Menschen schlechthin. Das aufrechte Stehen ist die spezifisch menschliche Haltung, in der man anderen Menschen in der Öffentlichkeit, aber auch den Göttern frei gegenübertritt. Die Makellosigkeit des jugendlichen Körpers steht für die äußere und innere Vortrefflichkeit, die fleischigen und dabei muskulösen Glieder zeigen den Wohlstand und die physische Tüchtigkeit, die sich mit angespannter Leistungs- und Handlungsbereitschaft paart. Gesichtszüge (‚archaisches Lächeln') und das sorgfältig stilisierte, prachtvolle lange Haar stehen dagegen für die luxuriöse Leichtigkeit des aristokratischen Lebens. Das Kunstwerk gehört in einen religiös-rituellen Zusammenhang, verrät aber auch sehr viel über das Menschenbild und Lebensgefühl der archaischen Aristokratie, ihre Vitalität und ihre Hochschätzung körperlicher Präsenz. Nicht nur ihr Handeln, sondern auch ihren (idealen) Körper setzten die Aristokraten so dem prüfenden und vergleichenden Blick der Öffentlichkeit aus.

sichtlich und sichtbar vom gewöhnlichen Volk absetzten. Solange aber die Bekleidung von Ämtern eng mit dem fortdauernden oder sich sogar noch steigernden Wettbewerb der Aristokraten untereinander verbunden war und sich kein Gemeinschaftsgeist unter ihnen herausbildete, mussten die Polisämter so schwach bleiben, wie die Aristokratie labil war. Im Laufe der Zeit bildeten sich in allen Gemeinden die typischen politischen Institutionen heraus: Volksversammlung, Rat, Gericht(e) und Amtsträger. Das Zusammenspiel der **Institutionen** bestimmte zusammen mit den gesellschaftlichen Strukturen die Art der ‚Verfassung' einer jeden Polis (vgl. S. 9 f.).

Wichtig ist dabei, dass die gesamte Gemeinde hinter der Satzung stand: „Dies hat die Polis beschlossen"[11], so oder ähnlich lautete die einleitende Formel bei Gesetzen, bis hin in die entwickelte demokratische Ordnung, als es hieß: Rat und Volk der Athener haben beschlossen. Es ist jedenfalls kein Zufall, dass in den griechischen Gemeinden der adlige Amtsträger durch sein Amt auch nicht entfernt die Machtfülle erlangen konnte, welche der Magistrat in Rom mit seiner umfassenden Amtsgewalt besaß. Dieser war auch durch seine Einbindung in einen festen Familien- und Geschlechterverband viel abgesicherter gegen sozialen Absturz, Prestigeverlust oder die Folgen von Kinderlosigkeit. Die Stärkung der Staatlichkeit in Griechenland konnte jedenfalls nicht in erster Linie von der exekutiven Spitze her erfolgen. Wenn die Gemeinden im Wettbewerb untereinander vorankommen und sich behaupten wollten, konnten sie die Gemeinschaftsaufgaben nicht ihren vornehmen Führern überlassen, sondern mussten die wichtigen Entscheidungen ‚in die Mitte' legen, in der Öffentlichkeit diskutieren und als Beschlüsse oder Gesetze dann auch für alle zugänglich und zugleich eindrucksvoll sichtbar machen. Die Stabilität des politischen Lebens blieb schon wegen der Wettbewerbsethik immer gefährdet.

Die **Rolle der Adligen** im Prozess der Polisbildung darf dabei aber nicht unterschätzt werden. In auffälliger Weise entsprachen nämlich z. B. die ältesten Untergliederungen in der Polis adligen Vorstellungen: Phylen und Phratrien wurden als Abstammungsgemeinschaften gedacht und folgten somit einer gerade unter Adligen verbreiteten Art von Bindung. Die Entwicklung der Polis und die Gliederung der Bürgerschaft in Phylen und Phratrien erfolgte nahezu parallel nebeneinander. Ansätze zu einer kollektiven Herrschaft des Adels lagen wohl in den ältesten Räten, doch kam darin weniger Konsens als vielmehr Misstrauen der Adligen untereinander zum Ausdruck. Auch im Kontakt mit den Herren und Königen im Osten lernten die griechischen Adligen rasch, was Macht und Alleinherrschaft wirklich bedeuteten. Das Ausbrechen aus der Ordnung war Ziel jedes Adligen. In der ersten Hälfte des 7. Jahrhunderts v. Chr. gelang dann erstmals in Griechenland in Korinth die Etablierung einer **Tyrannis**, d. h. einer aus dem adligen Wettbewerb erwachsenen Alleinherrschaft eines einzelnen Aristokraten und seiner Familie.

11 So der Anfang des sog. Gesetzes von Dreros (ca. 650 v. Chr.); zit. n.: Die griechische Polis. Quellen zur griechischen Geschichte von 800 bis 400 v. Chr. (Zeiten und Menschen Q). Bearbeitet von Michael Stahl. Paderborn 1989, S. 81.

Faktoren der Verdichtung

Die Zugehörigkeit zur Gemeinde manifestierte sich bei den Griechen anfangs vor allem in der Teilnahme an der Volksversammlung sowie am Kult. Aber die Gemeinden blieben nicht isoliert, sie wurden größer und stießen bei wachsender Bevölkerung durch Siedlungsausweitung oftmals aneinander. Nicht mehr nur kleine Aufgebote zur Abwehr von Räubern, sondern die gesamte wehr- und ausrüstungsfähige Bevölkerung musste dann mobilisiert werden, um das Gemeindeterritorium zu verteidigen oder zu erweitern. Die Ausbildung einer neuen Art der Kriegführung mit einer dichten Formation von schwer bewaffneten Kämpfern, der sog. **Hoplitenphalanx**, unterstützte die Integration der Bürgerschaften. Dem sich festigenden Bürgerstaat wuchsen durch Erfolge in solchen Unternehmungen starke innere Kräfte zu. Auf einem derart bestimmten Territorium konnten die Bewohner die kultischen und zivilen Binnenräume (Heiligtümer, Agora) schaffen, die zur inneren Ausgestaltung der Bürgergemeinde führten, ihr eine alltäglich erfahrbare Mitte gaben. Beide Entwicklungen, die innere und die äußere Konsolidierung der Polis, ihres Territoriums und ihrer Bürgerschaft, bedingten und ergänzten einander wechselseitig.

Die nur ca. 5 cm hohe Bemalung schmückt eine korinthische Vase aus der Zeit um ca. 630 v. Chr. Sie zeigt Besonderheiten des Kampfes in der Hoplitenphalanx: Die Krieger tragen eine Rüstung mit Helm, Brustpanzer und Beinschienen, einen großen Rundschild und einen Speer. Nicht abgebildet ist das Schwert. Der Künstler legte Wert auf die Darstellung der dichten Formation, von der Sieg oder Tod abhing. Der Flötenspieler gab den Marschtakt an.

Im Laufe des 8. Jahrhunderts v. Chr. hatten Griechen an mehreren Küsten des Mittelmeeres über das griechische Mutterland und die Westküste Kleinasiens hinaus Orte gefunden, an denen Güter und Wissen getauscht wurden. In einem zweiten Schritt wurden vielerorts in so vorbereiteten Regionen dauerhafte Siedlungen gegründet. Die Griechen nannten diese Tochterstädte **Apoikien**. Sie lagen meist an der Küste und waren von der Mutterstadt von Anfang an politisch unabhängig, behielten jedoch religiös, kulturell und wirtschaftlich oft enge Beziehungen mit dieser. Die wichtigsten so erschlossenen Regionen waren **Sizilien**, **Unteritalien** und der **Schwarzmeerraum**; einzelne Niederlassungen, die später zu großer Blüte gelangten, gab es auch in Nordafrika (Kyrene) und Südfrankreich (Massalia, heute Marseille). Der Name mancher Gründung richtete sich nüchtern nach dem Sachverhalt: ‚Neu-Stadt' hieß eine Apoikie in Unteritalien, griechisch: Nea-Polis (Neapel). Die größte dieser Apoikien, Syrakus, umfasste im 4. Jahrhundert v. Chr. mit ca. 12 000 km^2 ein Gebiet, das größer war als das von Athen und Sparta zusammen.

Die Gründungsbewegung (die oft etwas irreführend als ‚Große Kolonisation' bezeichnet wird) dauerte ungefähr 200 Jahre lang, bis ins 6. Jahrhundert. Sie beschleunigte die Polisentwicklung, denn sie erschloss nicht nur neue Rohstoffquellen und Handelswege, sondern bot auch einen Ausweg aus **sozialen Konflikten**. Unternehmungslustige und ehrgeizige Aristokraten konnten und mussten sich hier schöpferisch betätigen, da die Anlage einer neuen Siedlung ein hohes Maß an Tatkraft, ordnender Fantasie und Gestaltungskraft erforderte. Unmittelbar zu regeln waren die gerechte Verteilung des Landes, die Versorgung mit Nahrungsmitteln vor der ersten Ernte, die Beziehungen zur angestammten Bevölkerung, u. U. die Verteidigung gegen diese, die Einrichtung der Götterkulte, ferner die politische Organisation der neuen Bürgerschaft, da die Kolonisten oft aus verschiedenen Heimatstädten kamen. Der Lohn, den der erfolgreiche Koloniegründer *(Oikist)* erhielt, bestand meist in einem besonders großen Stück Land und in kultischen Ehrungen als Heros nach seinem Tod.

Zugleich sorgte der ‚Selbstorganisierungsbedarf' in den neuen Gemeinden dafür, dass die Griechen sich selbst und ihre Unterschiede und Gemeinsamkeiten besser kennenlernten, v. a. auch in der Begegnung mit einer fremden Urbevölkerung. Hier, in einer anfangs noch fremden Umwelt, bemerkten die Siedler stärker als im Mutterland ihre gemeinsamen Merkmale als Griechen, durch die sie sich von ihrer Umwelt unterschieden.

Dass sich ‚Politik' in Griechenland anders als in vielen Staaten des Orients oder in den mykenischen Palästen nicht mehr auf eine kleine Elite beschränken ließ, hing auch mit der Ausbreitung der **Schrift** zusammen. Wohl um 800 v. Chr. waren es vielleicht griechische Kaufleute, die von ihren phönizischen Kollegen die Buchstabenschrift übernahmen, sie dabei aber entscheidend verbesserten. Während die Phönizier keine Zeichen für Vokale hatten und nur die Konsonanten eines Wortes schrieben, funktionierten die Griechen einige von ihnen nicht benötigte phönizische Zeichen um und benutzten sie als Vokale. So konnten sie mit nur 24 Buchstaben jedes gesprochene Wort, jeden Text einfach und unmissverständlich niederschreiben. Die Schriftkultur war damit nicht grundsätzlich von der noch lange vorherrschenden mündlichen Kommunikation getrennt. Keine langjährige Einweihung einer kleinen Gruppe von Schreibern in das Geheimwissen einer alltagsfernen Schrift war nötig, jedes Kind konnte (und kann) in verhältnismäßig kurzer Zeit lernen, jeden Text zumindest zu lesen, jedes gesprochene Wort zu schreiben. Die frühesten im Original erhaltenen Schriftzeugnisse sind denn auch sog. Alphabettafeln, also Hilfsmittel zum Lernen, und kurze Aufschriften auf Tongefäßen (Graffiti). Wir können sicher sein, dass verhältnismäßig viele Griechen zumindest lesen konnten, wenn auch Texte in der Alltagswelt lange keine so große Rolle spielten wie in unserer Zeit. Die Römer übernahmen eine leicht abgewandelte Variante des griechischen Alphabets von den Etruskern oder den Griechen in Unteritalien und veränderten es zusätzlich. Die lateinische Schrift stellt so das ‚alltäglichste' Erbe der Griechen und Römer in unserer Gegenwart dar.

Diese Schrift war auch sehr gut geeignet, Werke der Literatur aufzuzeichnen. So gingen die Epen **Homers**, die ***Ilias*** und die ***Odyssee***, zwar auf mündliche Dichtungen zurück, aber in ihrer endgültigen Form als sehr komplexe und kunstvolle Großdichtungen von je etwa 16 000 beziehungsweise 12 000 Versen konnten sie nur mithilfe der Schrift entstehen.

Doch nicht nur für Literatur oder Graffiti wurde die Schrift von den Griechen benutzt, sondern auch, um für die ganze Polis verbindliche **Gesetze** niederzuschreiben und öffentlich aufzustellen. Generell kam dem Aufschreiben und Öffentlich-Machen von ‚Gesetzen', ganz unabhängig von ihren konkreten Inhalten, eine große Bedeutung für die Ausbildung der Bürgerstaatlichkeit zu. Auch die Zugehörigkeit eines Bürgers zu seiner Polis wurde durch geschriebene Gesetze wesentlich gefestigt; sie wurde durch die Pflicht, den Gesetzen zu gehorchen, ebenso markiert wie durch den Schutz, den diese dem Bürger und nur ihm gewährten.

Wichtige Momente der Integration, welche die Bürger ihrer Zugehörigkeit zur Gemeinde versicherten und Grund zum Stolz waren, bildeten ferner z. B. die Prägung von **Münzen** oder die Konstruktion von lokalen **Gründungssagen**. Stellvertretend sei hier nur die Errichtung der noch heute in ihren Resten beeindruckenden **Tempel** kurz erwähnt. Solche Bauten in Stein waren ihrer religiösen Funktion nach Wohnhäuser der jeweiligen Gottheit, während der ‚Gottesdienst' der Gemeinde in Gestalt eines festlichen Opfers am Altar vor dem Tempel stattfand. Monumentale Tempel gab es seit der ersten Hälfte des 7. Jahrhunderts. Weniger die Tatsache ihrer Errichtung an sich, sei sie nun von der Gemeinde oder von einzelnen Vornehmen ausgegangen, als vielmehr die Folgen erwiesen sich als zukunftsträchtig. Mit dem repräsentativen Tempel besaß die entstehende Polis eine Mitte, auf die sich alle Bürger ausrichteten. Religiöse Geschenke (Votive) wurden nicht länger Gräbern beigegeben, sondern als Weihgeschenke der Stadtgottheit gestiftet und gewannen damit auch eine gemeinschaftsbezogene Bedeutung. Errichtung und Erhaltung der Tempel, Priesterschaften und Prozessionen signalisierten, dass ‚der Staat', d. h. alle seine Bürger, den Verkehr der Gemeinde mit den Göttern in seine Verantwortung genommen hatte und diesen Göttern immer größere und prächtigere Wohnungen zu bauen suchte, in stetiger Konkurrenz mit den Nachbarn. Zu Heiligtümern am Rande des Polisgebietes (z. B. Eleusis in Attika) wurden vom städtischen Zentrum aus – in diesem Fall aus Athen – prachtvolle Festprozessionen veranstaltet, in denen die gesamte Polis geschlossen und zugleich wohlgeordnet die Gottheit und sich selbst feierte. Bei dieser Gelegenheit und anders als auf der Agora und im Krieg erscheinen auch die Frauen als Mitglieder der Polis.

Untergliederung der Bürgerschaft

Das Beispiel des Gemeindekultes ist durchaus repräsentativ. Als Bauer, Handwerker oder Tagelöhner stand der einzelne Athener, Kyrener, Argiver oder Chiote für sich allein, war Oberhaupt der Familie, Herr über seine Sklaven, Gefangener seiner wirtschaftlichen Lage. Freier Bürger aber war er stets und ausschließlich mit anderen zusammen, in verschiedenen, auf der Annahme von Blutsverwandtschaft beruhenden, in Wahrheit genossenschaftlich begründeten sozialen Verbänden. Genossenschaftlich meint in diesem Zusammenhang, dass die Vereinigung auf der formellen Gleichheit aller Mitglieder beruhte und überschaubar genug war, dass man einander kannte. Im Falle von Athen waren dies die bekannten **Phylen**, **Phratrien** und **Demen**. (vgl. S. 21) Als Verbände zum Zweck gemeinsamen Handelns garantierten sie den inneren Zusammenhalt der Polis. Hier lernten die jüngeren Bürger von den älteren, hier, in überschaubaren Verbänden, wurden die Spielregeln der Politik eingeübt, Sachfragen diskutiert, Wahlen abgehalten. Hier war auch der Ort der sozialen Kontrolle des Verhaltens jedes einzelnen Bürgers. Eine Schattenseite dieses intensiven Zusammenlebens bildeten gewiss Gerüchte und üble Nachrede, die sich rasch verbreiteten. Doch Aristoteles hat die positive Wirkung dieser gesellschaftlichen Infrastruktur klar beschrieben: Sie diene in besonderem Maß der Sicherung von Bürgerfreiheit, weswegen Tyrannen oft alles unternähmen, die Vertrautheit der Bürger untereinander zu zerstören und die Gesellschaft zu atomisieren. Durch das Verbot von Speisegemeinschaften, Vereinen und gemeinschaftlicher Erziehung, schließlich durch die Unterbindung von Muße und feiertäglichen Zusammenkünften „tun sie [die Tyrannen] alles, damit alle Bürger einander so fremd als möglich bleiben".[12]

Schattenseiten

Bei einer kritischen Diskussion der griechischen Polis wird häufig auf die großen Gruppen der ‚Ausgeschlossenen' – Metoiken, Frauen, Sklaven – verwiesen und betont, dass sich auch in der athenischen Demokratie nur eine kleine Minderheit der Gesamtbevölkerung als Bürger betätigen durfte. Die Kritik übersieht, dass in fast allen vormodernen Stadt- wie Flächenstaaten Monarchien oder Adelsherrschaften die Regel waren. Vor dem Hintergrund einer bäuerlichen Gesellschaft, wie sie die athenische im 5./4. Jahrhundert v. Chr. war, bedeutet die aktive und gleichberechtigte politische Betätigung von 30–40 000 Vollbürgern eine gewaltige Leistung, hatten doch sonst meist nur Adlige die materiellen Möglichkeiten, frei zu sein und sich politisch zu artikulieren. Die Bürger in den modernen Industriegesellschaften sind hinsichtlich ihres Wohlstandes und ihrer Möglichkeiten fast alle ‚Aristokraten'. Aber ihre tatsächliche Bereitschaft zur Beteiligung ist in der Regel weit geringer, die institutionellen Voraussetzungen dafür sind bedeutend schlechter als bei den Athenern der Antike.[13] Für sie bedeutete ‚Demokratie': wirksame Teilhabe der Bürger, Gleichheit der Stimmen bei der Entscheidung, Verfügung über die Themen von Diskussion und Entscheidung sowie Einbeziehung aller erwachsenen männlichen und freien Bewohner eines Staates in die Bürgerschaft und die Möglichkeit, die jährlich wechselnden Träger öffentlicher Funktionen zu bestimmen, zu kontrollieren oder diese Funktionen selbst auszuüben.

Wichtiger ist ein anderer Einwand, der schon vor über einhundert Jahren glänzend vorgetragen wurde. Der Gelehrte Jacob Burckhardt wies im 19. Jahrhundert mit Recht auf die fremden und dunklen Seiten der Hellenen hin, ihren Egoismus und Pessimismus, ihre Ängste und ihre Gewalttätigkeit. Sie ergaben sich auch aus der Intensität des politischen Zusammenlebens in der Polis und der großen Rolle, die die ‚Freundschaft' dabei spielte, weil diese eben nicht nur ein Frieden und Konsens stiftendes Element war, sondern auch den **Austrag von Feindschaften** im Bunde mit anderen ermöglichte. Man hat die

12 Aristoteles: Politik 1313 b 1–6, das Zitat 4 ff.
13 Welche Möglichkeiten das Internet hier in Zukunft noch bereithalten wird, muss sich zeigen.

Polis zugespitzt einmal als Aktiengesellschaft bezeichnet. In dieser Welt der großen und kleinen Aktionäre bedeutete das Gefühl der engen Zugehörigkeit zu einer Gruppe oft gleichzeitig den Konflikt mit anderen um die Kontrolle im gesamten Unternehmen (C. Ampolo). Die neuere Forschung hat die Labilität und Konflikthaltigkeit der politischen Strukturen in den griechischen Poleis klar herausgearbeitet. Mit dem schon erwähnten Aristieideal und der Stasis untrennbar verbunden war das Denken in Kategorien von Sieg und Niederlage, war schließlich das Gebot zu **Rache** und Widerrache. Dieser dunkle Zug griechischer Mentalität fand nicht nur im Mythos und in der Tragödie Ausdruck, sondern auch im realen Leben. In vielen griechischen Gemeinden gewannen die hieraus erwachsenden zerstörerischen Kräfte die Oberhand. Der Dichter Theognis richtete im 6. Jahrhundert v. Chr. ein Wunschgebet an Zeus, in dem es heißt:

> „Gib mir zum Ausgleich für Leid endlich auch einen Erfolg. [. . .] Warum darf ich nicht auch quälen sie, die mich gequält? Solches ist doch nur billig. Doch fehlt mir jede Aussicht auf Rache an den Männern, die mir meinen gesamten Besitz raubten mit schnöder Gewalt [...] Dürft' ich doch trinken der Elenden Blut!“[14]

Theognis stammte aus Megara, einer Gemeinde in Mittelgriechenland, die ihre sozialen Konflikte und die Konkurrenz innerhalb der Führungsschicht während der gesamten archaischen Zeit nie in den Griff bekam, nie zu einem einigermaßen gefestigten bürgerstaatlichen Konsens fand. Umso wertvoller erscheinen die Beispiele gelungener innergemeindlicher Friedensstiftung.

Die Polis als Modell einer politischen Ordnung und ihre Gefährdungen

Auf eine regulierende Obrigkeit konnten die Griechen dabei aufgrund der skizzierten Umstände nicht setzen, vielmehr mussten sie selbst Institutionen, Regeln der Entscheidungsfindung und Verfahrensweisen entwickeln und erhalten, welche das Zusammenleben steuerten und dafür sorgten, dass der latente Konflikt möglichst latent blieb. Dass Gesellschaften vom Zerfall bedroht sind, staatliche Ordnung versagen kann (sog. *failing states*) und der Ausbruch von Gewalt immer möglich ist, dies ist eine Gegenwartserfahrung aus Afrika, dem ehemaligen Jugoslawien und anderen Regionen, die es lohnend erscheinen lässt, sich mit den Griechen zu befassen. Sie wussten, dass die Mobilisierung

14 Theognis, Vers 341 ff. (Übers. H. Fränkel).

der Gegenkräfte aller Ehren wert ist. Von daher erklärt sich auch, warum in der politischen Philosophie des 4. Jahrhunderts v. Chr. (vgl. S. 9 ff.) der **Erziehung der Bürger** ein so hoher Rang eingeräumt wurde. Auch der **Konflikt des Einzelnen mit der Gesellschaft**, wie er im Prozess gegen **Sokrates** (ca. 470–399 v. Chr.) beispielhaft zum Ausdruck kam, und das Spannungsverhältnis zwischen philosophisch-politischem Denken und politischer Praxis gehören in diesen Zusammenhang. Insgesamt sollte bei allem Für und Wider nicht vergessen werden: „Systeme und Theorien der freien Selbstbestimmung politischer Gemeinschaften sind erstmals in der Poliswelt entwickelt worden, die hierdurch ihren unverlierbaren Rang in der Universalgeschichte besitzt.“[15]

Zugleich und noch grundsätzlicher haben die Griechen die Politik überhaupt erfunden, wenn man diese mit Hannah Arendt (1906–1975) als die Art und Weise betrachtet, wie verschiedene Menschen in einem besonderen Raum, losgelöst von ihrer sonstigen Ungleichheit, zusammen und miteinander sein können.[16] Die auf **Gleichheit aller Bürger** (nicht aller Menschen!) ausgerichteten politischen Ordnungen der Griechen bilden in dieser Hinsicht nicht nur ein Modell im Vergleich mit anderen vormodernen Ordnungen des Mittelalters und der Frühen Neuzeit, sondern sie stellen mit ihrer Definition von Politik und dem hohen Maß tatsächlich erreichter Teilnahme breiter Schichten an der Politik auch eine Herausforderung an die Demokratien der Gegenwart dar.

Viele Staaten – eine gemeinsame Kultur

Neben der politischen Zersplitterung in viele kleine Staaten gab es auch wichtige verbindende Kräfte, die es den Griechen ermöglichten, sich als Einheit zu betrachten (‚die Hellenen‘). Zu nennen sind in erster Linie natürlich Sprache und Schrift, wo es zwar unterschiedliche Dialekte und lokale Sonderformen gab, diese aber eine Verständigung nicht sehr erschwerten. Die *Ilias* und die *Odyssee* Homers bildeten *den* identitätsstiftenden Text überhaupt, sie wurden in der Schule gelesen und prägten die religiösen Vorstellungen, die Weltsicht, das Menschenbild und die Werthaltungen der Griechen in kaum zu überschätzendem Maße. Wohin die Griechen auch immer gingen, **Homer** begleitete sie, inspirierte manchmal ganz konkret ihr Handeln. So betrachtete sich Alexander der Große (356–323 v. Chr.) als zweiter Achilleus und führte auf seinem Welteroberungszug stets ein Exemplar der *Ilias* mit sich.

15 Karl-Wilhelm Welwei: Die griechische Polis. Stuttgart ²1998, S. 279.
16 Vgl. Hannah Arendt: Was ist Politik? Aus dem Nachlass herausgegeben von U. Ludz. München / Zürich 1993, S. 9 und S. 25.

Gemeinsam war den Griechen zudem ihre **Religion**. Wenn es auch zahlreiche lokale Besonderheiten gab und beinahe jede Polis einen eigenen Gründungsmythos hatte, in dem auch Götter eine Rolle spielten, so wurden bestimmte Grundvorstellungen allgemein geteilt: Es existieren viele Götter (Polytheismus), sie sind in ihrem Aussehen, Fühlen und Handeln menschenähnlich (Anthropomorphismus), nur sehr viel schöner, mächtiger und unsterblich, und die Menschen können mit ihnen in Kontakt treten, durch Gebete und Opfer sich ihres Wohlwollens und ihrer Hilfe versichern.

Dieses Holztäfelchen im Format 30 x 15 cm zeigt eine farbig gemalte Opferszene. Es wurde nahe der Stadt Korinth gefunden und stammt aus der Mitte des 6. Jahrhunderts v. Chr. Dargestellt ist die Prozession von drei Frauen und drei Kindern zu einem Opfer. Die Griechen unterschieden blutige und unblutige Opfer; das Schaf war ein häufiges Opfertier. Bestimmte Stücke wurden der Gottheit dargebracht, d. h. auf dem Altar verbrannt, der Rest wurde gebraten und dann gemeinsam verzehrt. Ein Opfer, egal ob staatlich oder – wie hier – privat war auch immer ein gemeinsames Fest. Die junge Frau am Altar trägt einen Korb und eine Weinkanne. Die Feierlichkeit der Handlung wird durch die Kleidung, die Kränze und die Olivenzweige sowie durch die Musik (Flöte und Harfe) angezeigt.

Auch die gesamte Natur dachten sich die Griechen von Göttern bevölkert: Quellen, Wälder, Flüsse, den Wind, die Sonne und den Mond. Die Götter schienen den Griechen also sehr viel näher zu sein, als dies in der jüdisch-christlichen Vorstellung von dem einen Gott der Fall ist. In der Vorzeit, so die verbreitete Überzeugung, wandelten die Götter sogar auf der Erde und verbanden sich mit Menschen; zahlreiche berühmte Heroen des griechischen Mythos, wie Herakles oder Achilleus, waren daher Halbgötter. Von daher war es nur konsequent, wenn später auch besonders mächtige Männer **göttliche Ehren** empfangen konnten, wie der Spartaner Lysander, der Sieger des Peloponnesischen Krieges, oder Alexander der Große.

Insgesamt stiftete die griechische Religion aber auch deshalb Gemeinsamkeit, weil sie bemerkenswert offen für individuelle Ansichten und Bedürfnisse war. Nachdem es keine Priesterklasse mit einem Deutungsmonopol, kein verbindliches ‚Heiliges Buch' und kein Glaubensbekenntnis gab, waren **Religionskriege** in Griechenland unmöglich. So war es nicht festgelegt, ob Götter und Menschen ‚moralisch' handeln mussten, ob Gebete und Opfer für die Kommunikation ausreichten oder ob man der Gottheit durch ein strengen Regeln unterworfenes Leben (Askese) oder rauschhafte Praktiken (Ekstase) nahekommen konnte. „Die Frage nach der Wahrheit mit einem Schulterzucken oder gar nicht zu beantworten, verschaffte den Griechen das gleiche Gefühl der Sicherheit wie späteren Zeiten Dogmen."[17]

Neben den Tempeln der jeweiligen Polisgottheiten blühten auch **panhellenische Heiligtümer**, die von allen Griechen besucht wurden. Das gilt v. a. für das Orakel im Apollonheiligtum von **Delphi**. Da die Verehrung der Götter durch Kulte und Opfer erfolgte, gab es daneben auch panhellenische **Feste** mit sportlichen oder musischen Wettkämpfen. An den zunächst örtlich begrenzten kultischen Spielen, so in **Olympia** (Olympische Spiele seit 776 v. Chr.), in Delphi (Pythische Spiele) und in Korinth (Isthmische Spiele), beteiligte sich bald ganz Griechenland, was umgekehrt auch hieß: Wer dort zugelassen war, durfte sich als Grieche fühlen. Naturgemäß spielte der Adel bei diesen Wettkämpfen die Hauptrolle.

So wie die Götterwelt und die Mythen, die diese umgaben, wurden auch die **künstlerischen Formen**, in denen man sie darstellte und verehrte, bei aller Vielfalt doch vom gleichen Geist und Formgefühl getragen. Tempel, Skulpturen und Vasenbilder spiegeln die Einheit in der unendlichen Differenziertheit wider.

17 Kenneth Dover: Religiöse und moralische Haltungen der Griechen. In: Propyläen Geschichte der Literatur 1: Die Welt der Antike. Berlin 1981, S. 69.

Demokratie, Großmacht, Kulturstaat: Athen im 6. und 5. Jahrhundert v. Chr.

Die innere Entwicklung Athens, des urbanen und politischen Zentrums der Landschaft Attika, muss man sich ab dem ausgehenden 7. Jahrhundert v. Chr. als eine zunehmende Verdichtung von Staatlichkeit vorstellen (vgl. S. 22–25), verbunden mit einer Verbreiterung und Intensivierung der politischen Teilhabe des Volkes. Dabei kann man mehrere Etappen unterscheiden, die sich in drei Namen verdichten lassen: **Drakon**, **Solon** und **Kleisthenes**.

Drakon

Der nur noch in Umrissen greifbare Anfang dieses Prozesses wird mit dem Namen Drakon verknüpft (ca. 621/20 v. Chr.). Tatsächlich wussten die Athener im 4. Jahrhundert v. Chr. über den sachlichen Inhalt seiner **Gesetzgebung** nur noch wenig; zu lange schon waren die Gesetze nicht mehr in Gebrauch. Im Lichte der seitherigen Rechtsentwicklung schien sie außerordentlich streng zu sein, und um dieser Ahnung über ihre Strenge Leben einzuhauchen, erfand man wohl eine Reihe von Strafbestimmungen (‚drakonische Strafen') und Aussprüche des Gesetzgebers. Manche korrekt überlieferten Bestimmungen wurden auch nicht mehr recht verstanden. Wenn es etwa ausdrücklich erlaubt war, den bei Nacht auf frischer Tat ertappten Dieb auf der Stelle zu töten, so ist daran zu erinnern, dass für einen Bauern die nächtliche Auseinandersetzung mit einem oder mehreren Dieben einen Kampf auf Leben und Tod bedeutete; ganz unmöglich, dabei zu verlangen, die Übeltäter nur festzunehmen oder gar ‚die Polizei' zu holen – die gab es noch viel später nicht einmal in Ansätzen. Übrigens enthielt auch das römische Zwölftafelgesetz (um 450 v. Chr.) eine solche Notwehrbestimmung. Grundsätzlich wurden derartige Ermächtigungen zur **Selbsthilfe** im Laufe der fortschreitenden Befriedung der Gesellschaft immer weiter eingeschränkt oder sie gerieten außer Gebrauch. Deshalb konnte es passieren, dass sie später nicht mehr richtig gedeutet werden konnten oder zumindest als ‚archaisch' galten.

Üblicherweise wird angenommen, Drakon habe das bestehende, ungeschriebene Gewohnheitsrecht Athens aufgeschrieben (‚kodifiziert'), doch diese Ansicht steht auf schwachen Füßen. Nur eine einzige Rechtssetzung lässt sich ihm mit Sicherheit zusprechen, und gerade die zeigt Drakon als klugen und fortschrittlichen Mann – auch wenn wir sonst über seine Person gar nichts wissen.

In Athen gab es, wie auch sonst in der griechischen Welt, zu Beginn der staatlichen Entwicklung keine Gerichtshöfe, kein Straf- und kein Zivilrecht. ‚Sein Recht zu bekommen' bedeutete entweder, mit dem Streitgegner zu einem angesehenen Schiedsrichter zu gehen und sich dessen Spruch freiwillig zu unterwerfen, oder zur Selbsthilfe zu greifen. Bei Tötungsdelikten konnte dies natürlich rasch zu einem unendlichen Zyklus von Rache und Gegenrache führen oder gar zu einer Ausweitung des Streites. So oder so war der lebenswichtige innere Frieden der Gemeinde zerstört, drohte das Faustrecht sich zum innergemeindlichen Krieg auszuwachsen, zumal wenn die streitenden Parteien reich und mächtig waren.

Drakons segensreiche Neuerung bestand nun darin, dass er alle Tötungsdelikte einem **Gerichtszwang** unterwarf. War die Tatfrage unstrittig, konnte die geschädigte Partei entweder eine materielle Sühneleistung (ein ‚Wergeld') akzeptieren oder die Blutrache durch Selbsthilfe ausführen. Es gab also nach wie vor keine ‚staatlichen' Strafen, die private Selbsthilfe blieb bestehen. Aber sie war nun an ein **Verfahren** gebunden und durfte nur noch in bestimmten Fällen vollzogen werden, wobei die Willensrichtung der Tat – vorsätzlich oder unvorsätzlich – ebenso wie die unbezweifelte Feststellung des Täters eine wichtige Rolle spielte. ‚Wilde' Blutrache wurde fortan verfolgt, da sie den Gemeindefrieden bedrohte. Das gesamte Blutrecht wurde aufgeschrieben und öffentlich ausgestellt, und es galt für alle Athener. Drakon hatte damit in Athen wichtige Säulen einer jeden Rechtsordnung aufgerichtet, die sich in drei Prinzipien und einer Maxime zusammenfassen lassen: Rechtssicherheit, Öffentlichkeit, Gleichheit vor dem Gesetz – und: Der Zweck des Rechtes ist der Friede.

Solon

Drakon hatte mit seinem Blutgesetz freilich nur ein Anzeichen der Krise in Athen bekämpft. Deren Hauptursache lag in den wachsenden Rivalitäten und Auseinandersetzungen der Adligen und ihrer Anhängerschaften untereinander. Die Polis war so regelrecht zerfallen und vom Bürgerkrieg, der *Stasis* (vgl. S. 11), bedroht. Um in dem Wettbewerb durch Demonstration von Reichtum und Macht bestehen zu können und weitere Anhänger zu gewinnen, übten die Aristokraten großen Abgabendruck auf viele einfache Athener, die ihrem Zugriff ausgeliefert waren, aus. Auch wegen der knappen Überschüsse in der Subsistenzwirtschaft gerieten die Bauern durch Missernten leicht in Schulden. Wer diese nicht bezahlen konnte, musste damit rechnen, als Sklave verkauft zu werden. Manche Athener flohen, um diesem Schicksal zu entgehen. Verschärfend wirkten die Machtrivalitäten zwischen den Adligen.

Als der Konflikt selbstzerstörerisch wurde, weil sich Athen gegen seine Nachbarn nicht mehr behaupten konnte und eine Tyrannis drohte, die alle Adligen ‚aus dem Spiel' geworfen hätte, einigte man sich darauf, einen ‚Schiedsrichter' zu bestellen, der die Situation stabilisieren sollte. Zwar werden die Reformen des Aristokraten **Solon** traditionell mit dem Jahr verbunden, in dem er das oberste Amt in Athen, das **Archontat**, bekleidet haben soll (594/93 v. Chr.), aber die Datierung ist unsicher. Solon hatte sich gewiss für diese Aufgabe empfohlen; wir haben von ihm ein mitreißendes politisches Gedicht, in dem er die Athener zum Kampf um den Besitz der Insel Salamis aufruft.

Vor allem aber suchte Solon den Gedanken der gemeinsamen Verantwortung aller Athener für das Wohlergehen ihrer Stadt in den Herzen seiner Mitbürger zu verankern: Nicht die Götter, die Bürger selbst seien für das Schicksal der Polis verantwortlich; sich hinter den Mauern seines Oikos zu verschanzen und den Ausgang abzuwarten, biete keinen Schutz. Habgier und Mangel an Selbstbeherrschung der Mächtigen werden angeprangert, und die Un-Ordnung (Dysnomie), in der sich die Polis befinde, führe rasch zur Niederlage und in die Knechtschaft. In einem großen Gedicht hat Solon die Wohl-Ordnung (Eunomie) der Polis als dynamische Kraft beschrieben:

> „Dies die Athener zu lehren befiehlt mir mein Herz,/ dass Dysnomie der Stadt sehr viel Unglück bereitet,/ Eunomie aber alles wohlgeordnet und wie es sein soll hervorbringt/ und beständig den Ungerechten Fesseln umlegt./ Rauhes glättet sie, beendet Übersättigung, erniedrigt die Hybris/ und lässt vertrocknen der Verblendung wachsende Blüte,/ richtet gerade die krummen Rechtssprüche, und hochmütiges Tun/ mildert sie, beendet die Taten der Zwietracht,/ beendet den Zorn schlimmen Streits; und es wird unter ihr/ alles im menschlichen Bezirk, wie es sein soll und vernünftig."[18]

Man hat dieses Gedicht als „die Geburtsstunde des demokratischen Gedankens" bezeichnet. Solon führte einen Schuldenschnitt (griech. **seisachtheia**) durch und bemühte sich um die Rückkehr der Geflohenen und Verbannten, die auch ihr früheres Land zurückerhielten. Vor allem aber fasste er seine Aufgabe, Athen zu befrieden, sehr grundsätzlich auf und suchte durch eine Vielzahl von Gesetzen das gesellschaftliche Normengefüge den Erfordernissen anzupassen, z. B. im Bereich des Familien- und Erbrechts. Der unmittelbare Zugriff eines Gläubigers auf die Person des Schuldners wurde abgeschafft; eine

18 Übersetzung und Interpretation nach: Michael Stahl, Solon F 3 D – Die Geburtsstunde des demokratischen Gedankens, in: Gymnasium 99, 1992, S. 385–408.

Reform der Maße und Gewichte und Maßnahmen zur Förderung von Landwirtschaft, Handel und Gewerbe sollten die Lebensgrundlagen verbessern. Solon hatte erkannt, dass wirtschaftliche Stabilität und soziale Freiheit unverzichtbare Voraussetzungen eines funktionierenden Bürgerstaates darstellten. Umgekehrt sollte wirtschaftlich-soziale Abhängigkeit niemanden mehr grundsätzlich daran hindern, sich am politischen Leben zu beteiligen. So konnten auch besitzlose Bürger (Theten) an der Volksversammlung teilnehmen.

Nicht sicher zu bestimmen sind die institutionellen Neuerungen Solons. Die vorhandenen Organe (Archonten, Areopag) blieben bestehen, aber möglicherweise führte Solon einen neuen, von der gesamten Bürgerschaft getragenen **Rat der 400** ein (je 100 Mitglieder aus jeder der vier attischen Phylen. Die Wählbarkeit zu den politischen Ämtern war vielleicht schon vorher an ein Mindestvermögen gebunden, wobei sich dieses bezeichnenderweise an der Leistungsfähigkeit für die Polis im Krieg orientierte (Dienst zu Pferd; Dienst zu Fuß mit Hoplitenrüstung; Dienst ohne Ausrüstung). Wichtiger waren die Einrichtung eines von der Bürgerschaft gebildeten **Gerichtshofes** (Heliaia) und die Einführung eines Klagerechtes für jeden Bürger.

Nach Abschluss seines Versöhnungs- und Reformwerkes, das er gegen Kritik von Unzufriedenen auf allen Seiten mit Stolz verteidigte, verließ Solon Athen im Vertrauen darauf, dass sich die Bürgerschaft nunmehr im Sinne seiner Überzeugungen verhalten würde. Obwohl er selbst dem Adel angehörte, hatte Solon demonstrativ auf die in greifbarer Nähe liegende Tyrannis verzichtet. Seine maßvolle, auf Ausgleich und das Notwendige und Machbare gerichtete Politik, v. a. aber seine tiefe Einsicht in die inneren Gesetzmäßigkeiten eines funktionierenden Gemeinschaftslebens haben ihn zum Wegbereiter der Demokratie werden lassen. In der Erinnerung der Athener blieb er in erster Linie als Weiser lebendig, um später, im 4. Jahrhundert, zu einem Gründerheros der ‚Verfassung der Väter' zu werden und zum Kreis der Sieben Weisen zu gehören.

Kleisthenes

Solon war indes zu optimistisch gewesen, denn die Adelsrivalitäten gingen weiter, bis sich schließlich **Peisistratos** zum Tyrannen aufschwingen konnte. Mit Gewalt und List, als Wohltäter vieler einfacher Athener und teilweise auch im Konsens mit anderen Adligen regierten er und seine Söhne (mit Unterbrechungen) etwa 50 Jahre lang (ca. 560–510 v. Chr.). Nach dem Sturz des Hippias und dem Wiederaufflammen der Stasis (vgl. S. 11) konnte sich schließlich der Aristokrat Kleisthenes durchsetzen, nachdem er, wie der Geschichtsschreiber

Herodot sagt, „den Demos in seine Hetairie [Gefolgschaft] aufgenommen hatte“ (5, 66, 2). Seine grundlegenden **Reformen** hatten zunächst das ganz naheliegende Ziel, Athen militärisch zu stärken, nachdem das Bürgerheer unter der Tyrannis keine Rolle gespielt hatte und Athen mehrfache spartanische Interventionen hatte hinnehmen müssen. Kleisthenes verstand es ferner, den Unwillen breiter Kreise der Bürgerschaft über das ewige und zerstörerische Machtspiel der Adligen zu bündeln und politisch zu nutzen.

Die Beteiligung der gesamten Bürgerschaft an der Polis konnte jedoch nur gelingen, wenn sichergestellt war, dass das gesamte Gebiet Attikas gleichmäßig im Zentrum vertreten war und die lokalen Machtbildungen der Aristokraten

Das Ende der Tyrannis in Athen durch die Vertreibung des Tyrannen Hippias war 510 v. Chr. v. a. durch das Eingreifen Spartas bewirkt worden. Weil die Ereignisse nicht geeignet waren, als Stolz einflößender Gründungsakt einer freien Bürgerschaft zu gelten, griffen die Athener auf einen anderen Vorgang zurück: das Attentat auf den Bruder des Tyrannen, Hipparchos, einige Jahre zuvor. Die Täter, Harmodios und Aristogeiton, hatten aus privaten Motiven gehandelt und die Tyrannis keineswegs beseitigt. Dennoch galten sie später als Helden der Demokratie, auch deshalb, weil sie keine adligen Rivalen des Tyrannen waren. Die hier abgebildete Statuengruppe wurde kurz nach den Perserkriegen auf der Agora von Athen aufgestellt. Die edle Gestalt der beiden nackten Körper erlaubte es den athenischen Aristokraten, sich mit den Figuren zu identifizieren. Zugleich aber verkörperten sie gemeinsames Handeln und Disziplin, beides Tugenden, die für die Bürger der beginnenden Demokratie sehr wichtig waren: in der Hoplitenphalanx, auf den Ruderbänken der Triëren, in Versammlungen und bei kultischen Tänzen und Feiern.

keine Rolle mehr spielten. Kernstück der ganzen Reform war daher die Einführung eines neuen Systems von **Demen** (Gemeinden), **Trittyen** (‚Dritteln') und **Phylen**. Ganz Attika wurde in mehr als 100 Demen von sehr unterschiedlicher Größe eingeteilt, weil auf die bestehenden Siedlungsverhältnisse (Dörfer oder Stadtbezirke) und lokalen Bindungen der Bürger Rücksicht genommen wurde. In den Demen wurden auch die Bürgerlisten geführt. Aus den Demen wurden 10 neue Phylen von gleicher Größe gebildet, wobei je ein Drittel (eine Trittys) der Angehörigen einer Phyle aus Demen im Gebiet der Stadt, der Küste und des Binnenlandes genommen wurde. Die Wohnsitze der Mitglieder einer Phyle waren also über ganz Attika verteilt. Da es sich bei den Phylen um Personenverbände handelte, die gemeinsame Feste feierten, einen bestimmten Helden aus der Frühzeit (Phylenheros) verehrten und v. a. in einem Phylenregiment (ca. 1 000 Mann) gemeinsam Militärdienst leisteten, ging von ihnen eine stark integrierende Wirkung aus: Die Menschen wurden mit den Demen dort belassen, wo sie waren, aber zugleich fühlten sie sich in den Phylen mit anderen Bürgern aus ganz Attika zusammengehörig.

Auf der Basis der Demen und Phylen ruhte auch der neue **Rat der 500** (Boulé). Jede Phyle stellte 50 Ratsherren, meist gleichmäßig aus jedem Drittel 17, 17 und 16. Die Zahl der Bouleuten (Ratsherren), die jeder Demos stellen durfte, war nach dessen Größe festgelegt, sie lag zwischen eins und 22. Da zugleich jeder Demos eine eigene Binnenorganisation mit Vorsteher, Agora und Versammlung hatte, war auf diese Weise die lokale Selbstverwaltung mit dem politischen Zentrum in der Stadt Athen verbunden. Jeder Bürger konnte in seinem Demos täglich in überschaubaren Verhältnissen die Selbstbestimmung leben und erleben (‚Graswurzeldemokratie') und diese Erfahrungen mitnehmen, wenn er ins Zentrum ging, um dort an der Volksversammlung teilzunehmen, Ratsherr oder Richter zu sein oder ein anderes Amt zu versehen. Natürlich spielten die Aristokraten in der neuen Ordnung immer noch eine wichtige Rolle. Verwandtschaftsbeziehungen, politische ‚Freundschaften' und Vereinigungen, die sich zum gepflegten Gelage (Symposion) trafen, waren als Klammern im Sozialgefüge der Oberschicht weiterhin Wegbereiter des politischen Aufstiegs und Stützen im innenpolitischen Wettbewerb. Entscheidend waren aber nun die Mehrheitsbeschlüsse der Volksversammlung **(Ekklesia)**, die in der Boulé vorbereitet wurden. Die führende Position eines adligen Herren zeigte sich nunmehr allein darin, dass er in der Volksversammlung Mehrheiten für seine Vorschläge fand. Die politische Willensbildung hatte sich grundsätzlich verändert. In den ersten Jahrzehnten nach Kleisthenes unterlagen die politischen Ansichten der Adligen und ihr persönliches Auftreten gegenüber den einfachen Leuten zusätzlich einer wirksamen Kontrolle durch den sog.

Ostrakismos: Jedes Jahr konnte, wenn mindestens 6 000 Bürger das wünschten, darüber abgestimmt werden, welcher Athener für zehn Jahre die Stadt verlassen und damit aus dem politischen Wettbewerb ausscheiden musste.

Die Athener nannten die neue Ordnung **Isonomie**, d. h. ‚Ordnung auf dem Prinzip der Gleichheit'. Wir können in der fantasievollen und klugen Neuordnung des Kleisthenes den Beginn der athenischen **Demokratie** als eines Systems der verwirklichten Volksherrschaft sehen. „Seine Ordnung schuf die Voraussetzungen dafür, dass die Bürger in ihre politische Verantwortung hineinwuchsen, dass ein neuer und hochwertiger Bürgerbegriff entstand und dass die Athener in gegenseitiger Vertrautheit und Solidarität auch nach außen geschlossen auftreten und damit letztlich zur politisch und kulturell führenden Macht Griechenlands werden konnten."[19] Die Ordnung wurde im Laufe des 5. Jahrhunderts v. Chr. weiter ausgebaut und an die mit Athens Aufstieg zur Großmacht gewaltig wachsenden Aufgaben angepasst.

Tonscherben (Ostraka) mit den Namen prominenter athenischer Politiker, unter anderem Themistokles, Sohn des Neokles (oben links und rechts; unten rechts) sowie ein Hippokrates (unten links).

19 K. Raaflaub: Kleisthenes, Ephialtes und die Begründung der Demokratie, in: Konrad H. Kinzl (Hg.): Demokratia. Darmstadt 1995, S. 1–54, das Zitat S. 52.

Die entwickelte athenische Demokratie im 5. Jahrhundert

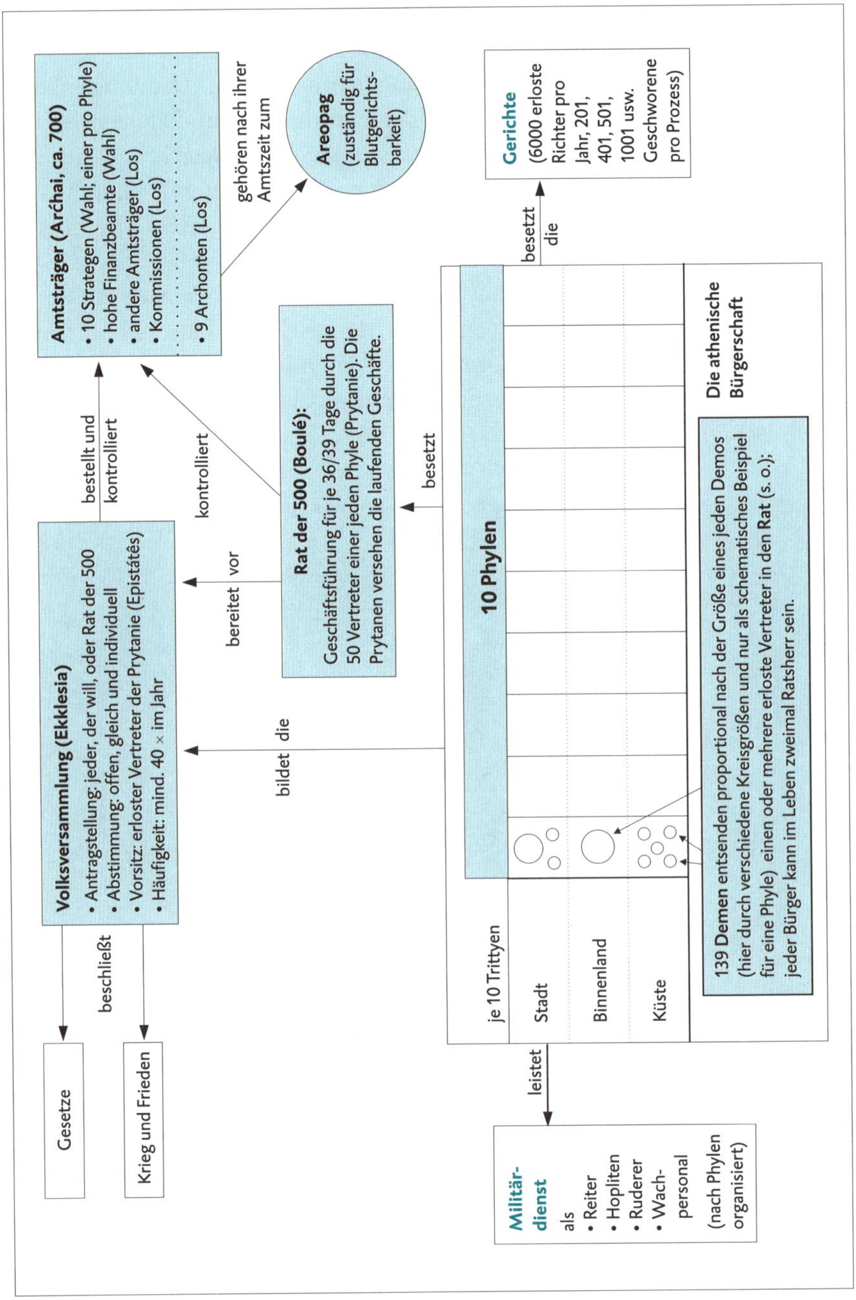

Alle die Polis betreffenden Entscheidungen wurden im zentralen Organ der Demokratie, der **Volksversammlung**, gefasst. Dort hatte jeder erwachsene männliche Bürger Athens als Einzelner Rede-, Antrags- und Abstimmungsrecht. Die Volksversammlung trat mindestens vierzigmal im Jahr zusammen. In der Regel fanden sich etwa 5 000–6 000 Bürger ein, aber auch ein Bürger, der zu einer Versammlung nicht gehen konnte, war durch die Ratsmitglieder aus seinem Demos gut informiert. Die Volksversammlung war frei in ihren Beschlüssen, die Routineangelegenheiten, aber auch lebenswichtige Fragen wie z. B. Kriegsunternehmungen betrafen.

Der **Rat** bereitete die Volksversammlungen vor, indem z. B. Anträge vorberaten und vorformuliert wurden (Probouleuma). Jeder Demos entsandte proportional zu seiner Größe eine bestimmte Zahl von ausgelosten Ratsmitgliedern (siehe Schaubild S. 38), wobei jeder Bürger nur zweimal in seinem Leben im Rat sitzen durfte. Für jeden zehnten Teil eines Amtsjahres führte eine Phyle als Ausschuss die laufenden Geschäfte (Prytanie); die Prytanen saßen in einem Amtsgebäude an der Agora und empfingen z. B. auswärtige Gesandtschaften. Der Leiter der Volksversammlung wurde ebenfalls aus den Prytanen ausgelost.

Das Volk fungierte auch als **Gericht**. Zu Beginn eines jeden Jahres wurden 6 000 Bürger über 30 Jahren ausgelost, aus denen dann für jeden Prozess wiederum eine bestimmte Zahl (201 bis 1 501) von Geschworenen (Dikasten) ausgelost wurde.

Der Rat und die Gerichte können als Ausschüsse des ganzen Volkes betrachtet werden. Ausführende Organe des Volkswillens waren daneben die **Amtsträger**. Sie amtierten grundsätzlich nur für ein Jahr und wurden meist erlost. Dies galt seit 487/86 v. Chr. auch für die bis dahin obersten Amtsträger, die Archonten, die deshalb politisch bald bedeutungslos wurden. Das wichtigste Amt der Polis war nun das des **Strategen**. Die zehn Inhaber dieses Amtes wurden gewählt, weil sie im Krieg das Kommando über das Bürgeraufgebot führten, wo es auf Sachverstand ankam, und sie das Vertrauen der Bürger in ihre Kompetenz und Loyalität brauchten. Wiederwahl war deshalb möglich, und so konnte es kommen, dass ein Politiker, der dieses Vertrauen in besonderem Maße genoss, immer wieder in dieses Amt gewählt wurde. **Perikles** (ca. 495–429 v. Chr.) gelang dies ab 443 v. Chr. kontinuierlich über fast 15 Jahre.

Die Grundprinzipien treten klar hervor: Die Athener hatten eine **direkte Demokratie**, in der die Bürger unmittelbar und in eigener Person alle politischen Entscheidungen trafen und auch alle öffentlichen Aufgaben wahrnahmen. Im Vordergrund stand der Gedanke der **Gleichheit**. Sie wurde u. a. durch die uns heute so merkwürdig berührende **Losung** zu vielen Funktionen erstrebt: Abhängigkeitsverhältnisse im vorpolitischen Raum, Absprachen und Bestechung sollten die Bestimmung der Amtsträger und jede Entscheidung möglichst wenig beeinflussen. Generell herrschte Misstrauen gegen jeden Amtsträger, der deshalb dauernd kontrolliert wurde und Rechenschaft über seine Tätigkeit ablegen musste. Der Schwächung der Exekutive diente auch die Vermassung der Politik; wer als Einzelner nicht ‚funktionierte', konnte unter so vielen Kollegen und im Gestrüpp wechselseitiger **Kontrollen** nicht viel ausrichten.

Die athenische Form der Entscheidung und Machtausübung durch das ganze Volk war etwas Besonderes, unter den Bedingungen einer vormodernen Gesellschaft die ganz unwahrscheinliche Ausnahme gegenüber dem ‚Normalfall' eines göttlich legitimierten Herrschers oder der Regierung durch eine kleine Gruppe. Die Athener konnten freilich nur politisches Subjekt werden, wenn sie die Frage der Willensbildung in Erfolg versprechender Weise lösten. Hier lag der eigentliche Sinn der **Öffentlichkeit** des Politischen. Die überzeugende Rede in der Versammlung war der Kern eines konkreten, erlebbaren Geschehens, in dem sich ein politischer Gesamtwille herauskristallisierte. Öffentlichkeit, Bildung und wohlgeordnete Rede als Maßstäbe politischer Herrschaft blieben die ganze Antike über zumindest der Idee nach gültig.

Die Münze der athenischen Demokratie und Großmacht: eine Eule im Wert von vier Drachmen (etwa 2–4 Tagesverdienste eines Arbeiters).
Die Eule war der Göttin Athena heilig

Gleichheit, Öffentlichkeit und breite Beteiligung konnten freilich nicht gesichert werden, wenn viele Bürger durch ihre Armut und den Zwang zur täglichen Arbeit nicht in der Lage waren, als Ratsmitglieder, Geschworene oder Teilnehmer an der Volksversammlung tätig zu sein. „Der Gefahr, dass auch nach dem Durchbruch zur Demokratie die Politik eine Sache der Reichen bleiben würde, wurden sich die Athener schnell bewusst, und es zeugt von der Lebendigkeit der demokratischen Idee, dass sie ihr energisch entgegentraten."[20] In diesem Sinne wurde im 5. und frühen 4. Jahrhundert schrittweise

20 Jochen Bleicken: Die athenische Demokratie. Paderborn ²1994, S. 280.

der Einkommensausfall durch die Teilnahme am Rat, den Gerichten und der Volksversammlung mit **Diäten** ausgeglichen, nur eine kleine Summe, die aber zur Sicherung des Lebensunterhaltes für den jeweiligen Tag genügte.

In erster Linie aber war die athenische Demokratie nicht bloß eine Summe von Institutionen und Verfahrensweisen, sondern ein intensives Lebensgefühl. Vor allem der Sieg über die Perser (vgl. S. 53 f.) mobilisierte die Bürger. Da er hauptsächlich durch die **Flotte** errungen worden war und diese auch Garant von Herrschaft und Wohlstand Athens als Herrin über den Attischen Seebund (vgl. S. 53 f.) war, gewannen nun auch die besitzlosen Athener, die **Theten**, gewaltig an Selbstbewusstsein, waren sie es doch, die als Ruderer diese Flotte im wahrsten Sinne des Wortes in Bewegung setzten. Im Lauf des 5. Jahrhunderts v. Chr. wurde die Demokratie daher immer weiter ausgebaut; die nicht selten auch verhängnisvolle äußere Politik Athens in den Jahrzehnten nach 478 v. Chr. schien angetrieben von der grenzenlosen Zuversicht, alles erreichen zu können, was man wolle. Machtgefühl und Selbstbewusstsein trieben fast alle Athener, Aristokraten wie kleine Leute, zu immer neuer Aktivität. Wenn dafür Opfer gebracht werden mussten, tat man dies und war stolz darauf – zumal ja auch Ehre und Gewinn winkten.

Die mehr als 12 Meter große Statue der Göttin Athena stand im Parthenon-Tempel auf der Akropolis, der 438 v. Chr. geweiht wurde. Der Künstler Phidias schuf die nicht mehr erhaltene Darstellung (das Bild zeigt eine Rekonstruktion) der bewaffneten „Vorkämpferin Athena" aus Holz. Freiliegende Körperteile waren mit Elfenbein belegt, Gewand, Helm und Attribute vergoldet. Die Figur drückte das Selbstbewusstsein und den Reichtum Athens aus. Sie bildete auch einen Teil des Staatsschatzes. Jedes Jahr wurden die abnehmbaren Goldteile nachgewogen, um möglichem Diebstahl auf die Spur zu kommen. Das Kultbild repräsentierte die Gottheit, der Tempel war ihre Wohnung, zu deren Innerstem nur Priester Zutritt hatten. Die Gemeinde versammelte sich zu Gebet und Opfer am Altar vor dem Tempel.

In einem auch später kaum mehr erreichtem Ausmaß gingen fast alle Athener in ihrem Bürger-Sein auf; diese Identität überstrahlte alle anderen Zugehörigkeiten, auch das Familienleben, weswegen der Umgang eines athenischen Mannes mit seiner Frau aus heutiger Sicht distanziert und zweckhaft wirkt.[21]

Auch der Bereich des Erwerbs war für das Selbstverständnis des Atheners weniger wichtig, als das heute der Fall ist. Natürlich wollte man vermögend sein, um gut leben zu können. Aber nur im täglichen Betrieb der Politik „bewegte sich der Bürger unter seinesgleichen. Hier war der Bereich der Freiheit. Der Bereich der Notwendigkeit war dagegen vergleichsweise abgewertet. Er war nur, wie das Wort schon sagt, leider notwendig."[22]

21 Manche Zeugnisse deuten allerdings auch auf innige Zuneigung. Griechische Bezeichnungen für die eheliche Verbindung waren „Freundschaft" *(philía)* und „Gemeinschaft" *(koinonía)*.
22 Christian Meier: Die Entstehung des Politischen bei den Griechen. Frankfurt/M. 1980, S. 256–257.

Kulturelle Leistungen im klassischen Athen

Die Akropolis (wörtl.: hohe Stadt) war das zentrale Heiligtum in Athen. Die Rekonstruktionszeichnung zeigt die Bauten kurz nach 400 v. Chr. in ihrem städtischen Umfeld.

A Parthenon-Tempel
B Erechtheion
C Propyläen (Eingang)
D Pinakothek (Mehrzwecksaal mit Wandbildern)
E Tempel der Athena Nike (Siegesgöttin)
F Zugangsrampe
G Haus der Priesterinnen
H Brunnenhaus
I Eleusinium
J südlicher Rand der Agora mit Säulenhalle (Stoa)
M unvollendeter Zeus-Tempel

Was wir heute vielfach als das wichtigste Erbe der Griechen aus ‚klassischer' Zeit (5. und 4. Jahrhundert v. Chr.) betrachten, nämlich ihre Errungenschaften in Architektur, Bildender Kunst, Literatur und Philosophie, ist mit Blick auf seine Entstehung nur im Zusammenhang mit der Entwicklung des Bürgerstaates, v. a. natürlich in Athen, zu erklären. In ihm wuchsen die Orientierungsbedürfnisse und der Wunsch, den eigenen Vorstellungen über Götter und Menschen, Werte und Normen sowie dem eigenen Selbstbewusstsein sichtbaren Ausdruck zu geben. Von daher muss es nicht verwundern, wenn ein guter Teil dieser kulturellen Hochblüte in die Zeit des Peloponnesischen Krieges (vgl. S. 55 f.) fiel. Im Rahmen dieses Abrisses können stellvertretend nur einige Formen dieses Ausdrucks kurz angesprochen werden.

Die Tragödie

Dramen aufzuführen war in Athen Teil des religiösen Festes der Großen Dionysien. In Form eines Wettbewerbs wurden drei sog. Tetralogien aufgeführt, die aus je drei Tragödien (Trilogie) und einem derb-komischen Satyrspiel bestanden; eine Tetralogie dauerte jeweils den ganzen Tag und erforderte von den Zuschauern ein hohes Maß an physischer Ausdauer und geistiger Aufmerksamkeit.

Die meisten Tragödien spielten in der alten Zeit der Helden und Sagen. Die Hauptpersonen waren meist Könige mit ihren Familien. Priester traten auf, um diese mächtigen und oft selbstherrlichen Männer vor Überhebung (Hybris) zu warnen. Auch die Götter griffen in das Geschehen ein. Die Stücke dienten nicht nur der Unterhaltung, sie regten die Zuschauer auch zum Nachdenken und zur kritischen Überprüfung ihrer eigenen Wahrnehmungsweisen, Einstellungen und Werthaltungen an. Der Komödiendichter **Aristophanes** (447–385 v. Chr.) lässt den Tragiker **Euripides** (ca. 485–407 v. Chr.) die Maßstäbe für den Rang eines Dichters auf der Bühne der Polis unmissverständlich benennen: „Talent und Geschick und moralischer Zweck, begeisterter Eifer, die Menschen im Staat zu bessern."[23] In der Tragödie wurden grundlegende Konflikte im Spannungsfeld von Recht, Religion, Ethik und Traditionen in der Verfremdung des Mythos und einer sehr anspruchsvollen künstlerischen Form vorgeführt und durchgespielt, nicht mit einer abstrakten Erörterung, sondern sehr konkret an bekannten Figuren und Schicksalen.

Eines der noch heute bekanntesten Stücke ist die *Antigone* des **Sophokles** (496–406 v. Chr.): Kreon, der König von Theben, verbietet seiner Nichte Antigone, ihren Bruder ordentlich zu begraben. Dieser hatte gegen seine Heimat-

23 Aristophanes: Die Frösche, 1008–09 (Übers.: L. Seeger / H.-J. Newiger).

stadt Theben Krieg geführt und war dabei getötet worden. Als Verräter sollte er unbestattet liegen bleiben. Antigone jedoch meint, man müsse den Göttern mehr gehorchen als einer von einem Menschen gesetzten Ordnung, und begräbt ihren Bruder. Kreon verurteilt sie daraufhin zum Tode und lässt sie lebendig einmauern. Antigone begeht Selbstmord. Das Gesetz des Herrschers hat über das der Götter gesiegt, so scheint es. Aber Kreon ist dennoch der Verlierer: Sein Sohn Haimon, der Antigone liebt, findet sie tot und bringt sich ebenfalls um. Aus Schmerz über diesen Verlust tötet sich auch Haimons Mutter, Kreons Frau. Dieser steht am Schluss allein da, während die Zuschauer dazu angeregt worden sind, über die Gefahren unbeschränkter Macht und die Konkurrenz verschiedener Rechtsnormen (hier: Satzungen des Gemeinwesens, Geschwisterpflicht, göttliche Gebote) nachzudenken. Dieses Stück hat viele spätere Schriftsteller zu Nachdichtungen und Bearbeitungen angeregt und es wird bis in unsere Tage immer wieder auf die Bühne gebracht, in verschiedenen Deutungen, die möglich sind, da der Dichter nicht schwarz-weiß malt und sich einfacher Antworten und Schuldzuweisungen enthält.

Wichtige Themen der Tragiker waren der Ursprung und Entwicklung der Zivilisation, die Entstehung von Gesetz (Nomos) und Recht (Dike), ferner die Beherrschung der Wildheit in der Natur und im Menschen selbst. So behandelt die Prometheus-Trilogie von **Aischylos** (525–456), dem ältesten der drei großen attischen Tragiker, den Anfang der kulturbegründenden Kunstfertigkeit, während es in der ***Orestie*** um die Überwindung von archaischer Blutrache durch Gerichtsbarkeit im Rahmen der Polis geht.

Der sich die Welt unterwerfende Mensch

In der attischen Tragödie treten immer wieder auch Figuren, meist Herrscher, auf, die wegen ihrer Klugheit und Stärke in Anspruch nehmen, keine Fehler zu machen und sich dann doch verfehlen und stürzen. Gerade ihre besonderen Fähigkeiten machen sie anfällig für Hochmut und mangelnde Peilung. Sophokles weitet diesen Gedanken in einem berühmten Chorlied der „Antigone" auf den Menschen insgesamt. Der vermutlich 442 v. Chr. niedergeschriebene Text atmet zugleich das Selbstbewusstsein und die Gestaltungszuversicht der Athener in jener Zeit. Dagegen betont der Dichter am Ende die Ambivalenz des Könnens.

Viel Ungeheures ist, doch nichts
So Ungeheures wie der Mensch.
Der fährt auch über das graue Meer
Im Sturm des winterlichen Süd
Und dringt unter stürzenden Wogen durch.
Und der Götter Heiligste, die Erde,
Die unerschöpfliche, unermüdliche,
Plagt er ab,

Mit wendenden Pflügen Jahr um Jahr
Sie umbrechend mit dem Rossegeschlecht.
Und der leicht-sinnigen Vögel Schar
Holt er mit seinem Garn herein
Und der wilden Tiere Völker und
Die Brut des Meeres in der See
Mit netzgesponnenen Schlingen:
Der alles bedenkende Mann. Er bezwingt
Mit Künsten das draußen hausende Wild,
Das auf Bergen schweift,
Und schirrt das rauhnackige Pferd
An dem Hals unters Joch
Und den unermüdlichen Bergstier.
Auch die Sprache und den windschnellen
Gedanken und städteordnenden Sinn
Bracht er sich bei, und unwirtlicher Fröste
Himmelsklarheit zu meiden und bösen Regens
Geschosse, allerfahren. Unerfahren
Geht er in nichts dem Kommenden entgegen.
Vor dem Tod allein
Wird er sich kein Entrinnen schaffen.
Aus Seuchen aber, unbewältigbaren,
Hat er sich Auswege
Ausgesonnen.
In dem Erfinderischen der Kunst
Eine nie erhoffte Gewalt besitzend,
Schreitet er bald zum Bösen, bald zum Guten.
Achtet er die Gesetze des Lands
Und das bei den Göttern beschworene Recht:
Hoch in der Stadt! – Verlustig der Stadt,
Wem das Ungute sich gesellt
Wegen seines Wagemuts!
Sitze mir nicht am Herd
Noch habe Teil mit mir am Rat,
Wer so tut!
Sophokles, Antigone 332–375. Übers.: W. Schadewaldt

Das Beispiel der Geschichtsschreibung

Die großen Umwälzungen, die das 5. Jahrhundert v. Chr. mit sich brachte, v. a. die Selbstbehauptung der Griechen gegen die Perser und der Peloponnesische Krieg (vgl. S. 55 f.), erzeugten ganz neue Bedürfnisse nach Orientierung und Deutung des ungeheuren Geschehens. Die Grundprinzipien jeder Rekonstruktion und Interpretation vergangener Ereignisse im Dienst einer solchen

Orientierung für Gegenwart und Zukunft haben zwei griechische Geschichtsschreiber erläutert und in ihren Werken in die Praxis umgesetzt. **Herodot** von Halikarnassos (ca. 485–425 v. Chr.) beginnt sein Werk über die Perserkriege (vgl. S. 53 f.) mit den Worten:

> „Dies ist die Darlegung der Erkundung des Halikarnassiers Herodot, damit weder die von Menschen ausgehenden Begebenheiten im Laufe der Zeit in Vergessenheit geraten, noch die großen und staunenswerten Leistungen, die Hellenen und Barbaren gleichermaßen aufzuweisen haben, ohne Anerkennung bei der Nachwelt bleiben; die Erkundung aber bezog sich neben manchem anderen vor allem auf die Frage, wer für den Krieg (der Hellenen und Barbaren) gegeneinander verantwortlich war." (Herodot, Vorrede; Übersetzung des Verfassers).

Das bedeutet: Die kritische Beschäftigung mit Geschichte beruht auf Forschung (‚Erkundung') und muss sich zugleich an die Öffentlichkeit wenden (‚Darlegung'). Der Gegenstand der Geschichte ist universal, betrachtet aber nur die Handlungen und Leistungen von Menschen. Geschichte ist zugleich notwendig, weil die Vergangenheit sonst in Vergessenheit zu geraten droht und frühere Generationen damit auch um die ihnen geschuldete Ehre gebracht würden. Schließlich hat Geschichte auch mit der ‚Schuld' zu tun und fragt nach kausalen Zusammenhängen, aber es ist zugleich wichtig, Distanz zu wahren und die ‚andere Seite' ebenfalls zu ihrem Recht kommen zu lassen. Dies gilt schon deshalb, weil Geschichte, wie Herodot an anderer Stelle betont, vom stetigen Wandel des menschlichen Glücks bestimmt ist. Am Scheitern des Lyderkönigs Kroisos und des Perserkönigs Xerxes führte er zugleich seinen Zeitgenossen – wie auf andere Weise die Tragödiendichter – die katastrophalen Folgen von Machbarkeitswahn und Allmachtsfantasien vor Augen. Geschichte hat also auch immer einen moralischen Sinn.

Herodots Schilderung der Sitten und Gebräuche der Nicht-Griechen, der ‚**Barbaren**', zeigt eindrücklich, dass es zu den Grundvoraussetzungen individueller wie gemeinschaftlicher Identität gehört, eine Trennung von innen und außen, vertraut und fremd, zugehörig und nicht-zugehörig vorzunehmen. Die Definition des ‚Was-ich-bin' schließt die Abgrenzung vom ‚Was-ich-nicht-bin' logisch ein. Herodot hatte als Grieche einen festen Standpunkt und war stolz auf die Freiheit der Hellenen, aber seine Einsicht in die Wandelbarkeit des Schicksals bewahrte ihn vor kultureller Arroganz. Die Vorstellung einer naturgemäßen Überlegenheit der Griechen über die Barbaren gewann jedoch in dem Moment an Boden, als die Erschütterungen des Peloponnesischen Krieges (vgl. S. 55 f.) das Selbstbewusstsein der Griechen schwächten. Unsicherheit und wachsende politische Ohnmacht wurden ab dem 4. Jahrhundert v. Chr. durch einen zunehmenden kulturellen Hochmut kompensiert. Dies gipfelte schließlich in Aristoteles' Wort vom Barbaren als dem Sklaven von Natur aus. Neben dem Gefühl der eigenen Überlegenheit stand aber auch, v. a. in der philosophischen Reflexion, die Suche nach der naturgemäßen und damit idealen Lebensform, die man im unverbildeten Barbaren zu finden glaubte. Diese Idee wurde später in der europäischen Aufklärung mit der Figur des ‚edlen Wilden' wieder aufgenommen und spielte etwa bei Jean-Jacques Rousseau eine wichtige Rolle.

Gar kein Interesse an den Sitten und Gebräuchen anderer Völker hatte **Thukydides** von Athen (ca. 460– ca. 400 v. Chr.). Seine *Geschichte des Peloponnesischen Krieges* konzentrierte sich ganz auf politische und militärische Ereignisse. Dabei traf er eine Unterscheidung zwischen tieferen Ursachen und konkreten Anlässen eines Krieges. Aber auch sein Interesse galt Grundfragen menschlichen Verhaltens im Konflikt: Was ist Macht, und wie wirkt ihr Gebrauch auf diejenigen, die sie haben? Darüber hinaus hat er das Problem der Tatsachenermittlung und der Objektivität des Historikers scharf durchdacht und als Erster den Unterschied zwischen einem mit wissenschaftlicher Methodik erarbeiteten Wissen über Vergangenheit und dem ganz anders gearteten, anderen Bedürfnissen folgenden populären Geschichtsbild benannt. Weit mehr als Herodot stellte Thukydides sich selbst, genauer: die prognostische und diagnostische Kraft seines Geistes heraus. Das erste Kapitel lautet:

> „Thukydides aus Athen hat den Krieg der Peloponnesier und Athener aufgezeichnet, so wie sie ihn gegeneinander führten, beginnend sofort bei Ausbruch und nachdem er zu der Erwartung gelangt war, er werde groß sein und nennenswerter als die vorangegangenen. Er schloss dies daraus, dass beide Seiten hochgerüstet und auf dem Höhepunkt ihrer Machtentfaltung in den Krieg traten und dass zudem die ganze übrige griechische Welt sich jeweils einer der beiden Parteien anschloss, teils sofort, teils der Absicht nach. Die Bewegung (kínêsis), die dies darstellte, war die eindeutig größte für die Hellenen und einen Teil der Barbaren, ja sozusagen für den größten Teil der Menschheit. Was sich nämlich davor und noch früher ereignet hatte, war wegen der Länge der Zeit zwar unmöglich genau zu erforschen, aufgrund von Anzeichen aber, von deren Richtigkeit ich mich bei der Prüfung eines langen Zeitraumes überzeugen konnte, bin ich der Meinung, daß es nicht bedeutend war, weder in Kriegen noch sonst."[24]

Thukydides' Anliegen war es nicht, rückblickend ein vergangenes Großereignis vor dem Vergessenwerden zu bewahren. Vielmehr schrieb er als Erster Zeitgeschichte im engen Sinne des Wortes, also Gegenwartsgeschichte. Dabei besteht der Gegenstand aus dem „Krieg der Peloponnesier und Athener" selbst

24 Thukydides, Geschichte des Peloponnesischen Krieges 1,1-3 (Übers.: U. Walter).

und der Vorgeschichte, die in „Bewegung“ und „Höhepunkt der Machtentfaltung“ gefasst ist. Diese Prozesshaftigkeit, unterstrichen durch die Parteinahme der anderen Hellenen für eine der beiden Seiten, findet ihre Entsprechung in der Überlegung des Autors: Dieser hegte, wie er behauptet, bereits *vor* Kriegsausbruch eine Erwartung und konnte daher sofort darangehen, das Ereignis aufzuzeichnen. Auch die Größe des Krieges habe er klar erkannt, wie überhaupt das erste Kapitel von Ausdrücken intellektueller Operationen an empirischem Material durchsetzt ist: Erwartung, Wahrnehmung, Schlussfolgerung – Anzeichen, Prüfung, Meinung. Thukydides benutzt dabei das Vokabular der zeitgenössischen hippokratischen Medizin, deren Impulsen und Ansprüchen er viel zu verdanken hat. Es verwundert nicht, dass Thukydides entdeckt und gerühmt wurde, als man im 19. Jahrhundert daranging, die Vergangenheit wissenschaftlich zu erforschen und dafür bestimmte Methoden zu entwickeln, rational und empirisch vorzugehen sowie eigene Ausdrucksformen zu finden.

Von der Lebendigkeit des Mythos

Liest man das Geschichtswerk des Thukydides, so könnte man auf die Idee kommen, das Produkt eines durch und durch ‚aufgeklärten‘ Zeitalters vor sich zu haben: Die Götter spielen keine Rolle, es treten keine übermenschlich erscheinenden Heroen auf, und es ereignet sich nichts, was die menschliche Erfahrung vollständig überstiege. Doch Thukydides schrieb eine Geschichte seiner eigenen Zeit; die Frühzeit der Griechen behandelt er nur kurz und ganz ‚rational‘. Nun hatten schon früh, seit dem 7. Jahrhundert v. Chr., einzelne Griechen, die vor allem in Kleinasien lebten, den Versuch unternommen, sich einen Reim auf die Welt zu machen, ohne auf die überall erzählten oder von Dichtern gestalteten Geschichten zurückzugreifen – etwa auf das, was Hesiod erzählt hatte vom anfänglichen *Chaos* (‚Klaffen‘) und von *Gaia* (‚Mutter Erde‘) und *Eros* (Liebe als Lebensspender) und wie *Nyx* (‚Nacht‘) dem Chaos entsprang und aus ihr wiederum *Heméra* und *Aíther,* also der Tag und die Luft.[25] Diese Denker in den kleinasiatischen Griechenstädten suchten die

25 Um einen Eindruck von dieser mythischen Kosmogonie und Theogonie (Weltentstehung und Götterentstehung) zu geben, hier die anschließenden Verse (Hesiod, Theogonie, 126–141, Übers.: D. Ebener): „Gaia gebar nun zuerst, gleich weit wie sie selbst, den gestirnten / Úranos, dass er sie rings von allen Seiten umhülle / und für die seligen Götter ein Sitz sei, dauernd und ewig; / Auch gebar sie die mächtigen Berge, den lieblichen Wohnsitz / göttlicher Nymphen, die die zerklüfteten Berge bewohnen; / und sie gebar das rastlose Meer, im Schwall seiner Wogen / tosend, den Pontos – ohne verlangende Liebe. Nachdem sie / aber Úranos’ Lager geteilt, gebar sie ihm Söhne: / ihn mit den tiefen Wirbeln, Okéanos, Koios und Kreios, / und Hyperíon, Theia und Rheia, Iápetos, Themis / und Mnemosýne und Phoibe, golden bekränzt, und die zarte / Tethys; als Jüngster kam der Krummes sinnende Krónos, / dieser gefährlichste Sohn; er hasste den blühenden Vater. / Ferner gebar sie Kyklopen von übermächtigem Wesen, / Brontes, Sterópes und Arges, mit übergewaltigem Sinne. / Diese erschufen als Gaben für Zeus den Blitz und den Donner.“

Vielfalt der Wirklichkeit auf ein einziges Prinzip zurückzuführen, etwa Wasser oder Feuer. Neben die reine Spekulation oder Theorie trat bald auch die Beobachtung und das Einholen von möglichst vielen Informationen **(Empirie)**, um etwa die Gestalt der Länder und Meere genauer zu bestimmen.

Aber diese Bemühungen führten keineswegs dazu, dass nun auf breiter Front ‚mythische' Erklärungen durch ‚rationale' abgelöst worden wären („vom Mythos zum Logos"). Vielmehr existierten verschiedene Anschauungen nebeneinander, oft sogar in ein und derselben Person. So verließ sich der Steuermann eines Schiffes bei der Arbeit selbstverständlich auf sein Wissen, seine Erfahrung, seinen gesunden Menschenverstand und auf die Beobachtung von Wellengang, Strömungen, Küstenverlauf, Wind und Sternen; vielleicht benutzte er auch eine niedergeschriebene Routenbeschreibung. Derselbe Steuermann hatte aber zweifellos vor der Ausfahrt Poseidon ein Opfer dargebracht und ein weiteres gelobt, falls er mit seinem Schiff heil zurückkam. Und wenn das Schiff abends ankerte und die Mannschaft am Strand oder in einer Kneipe zur Nacht aß, lauschte er gebannt dem Passagier, einem fahrenden Sänger, der so herrlich von den Fahrten des Odysseus und dessen Abenteuern beim Kyklopen Polyphem oder auf der Insel der Kalypso zu erzählen wusste – ohne auf die Idee zu kommen, das Gehörte sei samt und sonders erfunden.

Wenn eine Erzählung heute als ‚Mythos' bezeichnet wird, so ist damit vor allem eines gemeint: Die Geschichte ist zwar unterhaltsam, erbaulich oder gut fürs Selbstbewusstsein, aber sie ist erfunden. ‚Mythos' steht hier gegen ‚Wahrheit' oder, wenn es um Vergangenheit geht, gegen ‚geschichtliche Wahrheit' bzw. ‚Geschichte'. Diese Bedeutung hat das Wort im Griechischen auch schon (seit Herodot und Thukydides), aber sie blieb eine Nebenbedeutung. Wörtlich meint Mythos einfach ‚Gesagtes' oder ‚Erzählung'. Wissenschaftler haben sich abgemüht, eine allgemeine Begriffsbestimmung zu finden, die möglichst viele Merkmale abdeckt. Für den griechischen Bereich kann man sagen: Mythen sind **traditionale Erzählungen** von **kollektiver Bedeutsamkeit**. Traditional meint, dass in der Regel kein Erstautor benannt werden kann; der zunächst mündlich weitererzählte Mythos war Stoff für zahlreiche Ausformungen in Texten und Bildern. Erzählung besagt, dass Mythen eine narrative Struktur haben, also Anfang, Mitte und Ende; es gibt namentlich benannte handelnde Personen und einen benennbaren Schauplatz. Und mit kollektiver Bedeutsamkeit ist gemeint, dass in Mythen Wissen aufbewahrt wurde, das für die Gemeinschaft, die sie weitertrug – das konnte eine Polis sein oder eine Priesterschaft – Bedeutung hatte. Da konnte es um den Ursprung der Gemeinschaft gehen oder um ein besonderes Merkmal der Gruppe oder um eine besondere Art und Weise, etwa ein Opfer darzubringen.

Der Mythos diente den Griechen dazu, Wissen zu speichern und weiterzugeben, Ansprüche zu formulieren oder Fragen nach dem richtigen Verhalten durchzuspielen. Er konnte dies leisten, weil die Geschichten nur in ihren Grundstrukturen festgelegt waren, ansonsten aber fast beliebig erweitert, umerzählt, aufgeladen und lokalen Gegebenheiten angepasst werden konnten. Manche Grundmotive, etwa die Aussetzung eines zu Großem bestimmten Kindes, tauchen in verschiedenen Kulturen auf (Moses, Kyros, Ödipus, Romulus/Remus). Die Griechen waren ungeheuer kreativ im Umgang mit ihren Mythen, zumal im künstlerischen Wettbewerb etwa zwischen Vasenmalern oder Tragödiendichtern. Mythen konnten auch Gegenstand geradezu wissenschaftlicher Bemühungen werden, wenn es etwa darum ging, Abstammungsreihen in Königslisten zu überführen oder die Gründung der eigenen Stadt zeitlich in Beziehung zum Trojanischen Krieg zu setzen. Es wäre also falsch zu sagen, mit dem Vordringen rationalen Denkens und empirisch gewonnenen Wissens habe der Mythos an Bedeutung verloren. Er wurde nur anders gehandhabt. Ein Historiker des 19. Jahrhunderts, Jacob Burckhardt, hat es treffend formuliert: „Der Mythus als eine gewaltige Macht beherrschte das griechische Leben und schwebte über demselben wie eine nahe, herrliche Erscheinung. Er leuchtete in die ganze griechische Gegenwart hinein, überall und bis in späte Zeiten, als wäre er eine noch gar nicht ferne Vergangenheit, während er im Grunde das Schauen und Tun der Nation selbst in höherem Abbilde darstellte.“[26]

Wie mit Mythen ‚Politik‘ gemacht wurde, sei hier an einem weniger bekannten, gleichwohl aufschlussreichen Beispiel erläutert: der Geschichte des **Ion**. Sie geht etwa so: Der athenische König Erechtheus hatte eine Tochter Kreusa. Sie wurde in einer Höhle am Abhang der Akropolis von dem Gott Apollon verführt, und wie stets bei einem Gott führte der erste Sex gleich zur Schwangerschaft. Kreusa setzte aus Angst vor ihrem Vater den neugeborenen Sohn aus. Der Gott Hermes jedoch rettete das Kind und trug es nach Delphi, wo es als Tempeldiener aufgezogen wurde. Jahre danach kam Xuthos, ein Verbündeter des Erechtheus, mit seiner Frau Kreusa nach Delphi, um beim Orakel anzufragen, warum die Ehe kinderlos war. Apollon wies ihn an, den ersten, den er beim Verlassen des Tempels anträfe, als seinen Sohn zu begrüßen. Es war dies das Kind seiner Frau Kreusa mit Apollon. Er nannte es Ion (‚Gehender‘), weil er ihm beim Gang aus dem Tempel begegnet war. Kreusa aber glaubte ihrerseits, der Junge sei ein uneheliches Kind ihres Mannes; eifersüchtig wollte sie jenen töten. Als sie ertappt wurde, flüchtete sie sich an einen Altar, wo sich

26 Jacob Burckhardt, Griechische Kulturgeschichte, Bd. 1 (1898), Neuausgabe Basel 1956, S. 27f.

Sohn und Mutter erkannten. Durch Athenas göttliche Enthüllungen wurde alles aufgeklärt und beide kehrten mit dem Stiefvater nach Athen zurück. Eine wahrlich dramatische Geschichte, und der Dichter Euripides brachte sie 410 v. Chr. so in Athen auf die Bühne. Zugleich aber birgt die Geschichte einen politischen Anspruch. Ion war der Enkel eines athenischen Königs und wurde durch seine Rückkehr vollends zum Athener; dort hatte er vier Söhne, die als namengebende Stammväter der vier alten athenischen Phylen galten, jenen vier Unterabteilungen der Bürgerschaft, die erst durch die Reform des Kleisthenes (vgl. S. 34–42) ihre Bedeutung verloren.[27] Vor allem aber wurde Ion von den Athenern als Stammvater und Urahn aller Ionier vorgestellt. Die ionischen Griechen, die Apollon besonders verehrten, besiedelten zahlreiche Inseln in der Ägäis, darunter so bedeutende wie Samos oder Chios, und einen Teil der Westküste Kleinasiens. Athen nahm dadurch in Anspruch, die Mutterstadt aller Ionier zu sein, die einst von Athen aus die genannten Gebiete besiedelt hätten. Der Mutterstadt aber schuldete man Respekt und Loyalität. Das militärische Bündnis der Ionier mit Athen im sog. Attischen Seebund (vgl. S. 53 f.) wurde auf diese Weise ‚mythisch' überhöht und aufgeladen. Da die Griechen Erzählungen wie diese als ihre alte Geschichte betrachteten, kann man auch von Geschichtspolitik sprechen. Zur Beglaubigung konnten die Athener darauf verweisen, dass das Heiligtum des zum Gott erhobenen Erechtheus auf der Akropolis, das Erechtheion, in der Nähe der Höhle lag, die der älteste Kultort für Apollon in Athen und zugleich Ort von Kreusas Verführung durch den Gott war.

27 Ihre Namen: Geleontes, Hopletes, Argadeis und Aigikoreis.

Kämpfe um Freiheit und Vorherrschaft

Die Perserkriege

Mit dem raschen Aufstieg des Perserreiches zu einem Weltreich ab der Mitte des 6. Jahrhunderts v. Chr. endete die lange Phase der äußeren Unbedrohtheit, in der sich die griechischen Poleis entwickeln hatten können. Den Anstoß zum Kampf zwischen Griechen und Persern gab der **Ionische Aufstand** (500–494 v. Chr.), der im Grunde eine von der Griechenstadt Milet geführte Revolution gegen die Herrschaft der von Persien unterstützten Tyrannen in Kleinasien darstellte. Nach ersten Erfolgen wurde der Aufstand von den Persern niedergeschlagen und Milet zerstört; ein Teil der Einwohner wurde nach Mesopotamien deportiert (494 v. Chr.). Die Perser sicherten sich zunächst den Besitz von Thrakien und Teilen von Makedonien und damit das Einfallstor nach Griechenland. Der erste Feldzug der Perser aber wurde über See unternommen und richtete sich gegen Athen und Eretria (auf Euboia), die den Ionischen Aufstand unterstützt hatten. Es kam zur Zerstörung von Eretria und zur Landung der Perser in der Ebene von **Marathon**, wo sie jedoch 490 v. Chr. von den Athenern geschlagen und zum Rückzug gezwungen wurden. Gewaltige Rüstungen der Perser unter dem neuen König Xerxes (seit 485 v. Chr.) erzwangen die Stärkung der griechischen Verteidigungskraft; **Themistokles** setzte in Athen den Aufbau einer Flotte durch. 481 v. Chr. wurde ein Hellenischer Kampfbund unter der Führung der bis dahin stärksten griechischen Militärmacht, Sparta, beschworen, an dem aber bei Weitem nicht alle griechischen Poleis teilnahmen. In einem neuen Feldzug brachen die Perser 480 v. Chr. den griechischen Widerstand bei den Thermopylen und eroberten vorübergehend Athen. Aber die persische Flotte wurde bei **Salamis** nahe Athen vernichtend geschlagen. Daraufhin musste das Perserheer nach Norden zurückweichen und erlitt im folgenden Jahr bei **Plataiai** eine weitere Niederlage, diesmal zu Lande. Ermutigt durch die Siege, trug die griechische Flotte den Krieg nach Kleinasien und befreite die ionischen Küstenstädte und Inseln von der persischen Herrschaft (479/478 v. Chr.). Sparta schied aus dem Krieg aus, die ionischen Städte schlossen sich mit Athen zum (ersten) **Attischen Seebund** zusammen.

Die Bundesgenossen stellten Schiffe oder zahlten Geldbeträge an Athen, die Vormacht des Bundes. In den nächsten Jahren betrieb Athen eine offensive Politik gegenüber Persien (Unternehmungen in Thrakien, Unterstützung von Aufstandsbewegungen im Perserreich, v. a. in Ägypten), jedoch ohne nachhaltigen Erfolg. Um 450 v. Chr. erkannte der Perserkönig die Autonomie der kleinasiatischen Griechenstädte an, während Athen auf weitere Unterstützung separatistischer Erhebungen im persischen Machtbereich verzichtete. Eigentlich war der Attische Seebund damit seiner hauptsächlichen Funktion beraubt. Aber Athen hatte den Bund inzwischen in ein Instrument für seine eigenen Machtinteressen ausgebaut und duldete kein Ausscheiden eines Mitglieds. Der ehemalige Kampfbund verwandelte sich in ein athenisches Herrschaftsinstrument, das auch deshalb weiter bestand, weil Mitglieder außerhalb Athens wirtschaftliche und politische Vorteile aus dem ‚ägäischen Reich' zogen. Einzelne Gruppen in den Bündnerstädten vermochten sich so als ‚Demokraten' und Anhänger Athens mithilfe der Vormacht dauerhaft gegen innenpolitische Gegner durchsetzen.

Die außenpolitische Entwicklung war mit der inneren Geschichte der griechischen Stadtstaaten eng verflochten. Besonders deutlich zeigt sich das auch im Fall Athens. Isonome Ordnungen mit starken Volksversammlungen gab es um 500 v. Chr. in mehreren griechischen Gemeinden, aber der einzigartige Weg Athens, den Rahmen der kleisthenischen Ordnung mit so intensiver politischer Teilhabe und Aktivität zu füllen, wie das in der perikleischen Zeit dann der Fall war, dieser Weg wäre ohne die Perserkriege und ohne Athens Hegemonie im Seebund nicht möglich gewesen. Politik war in Athen schlichtweg auch spannender und interessanter als anderswo, weswegen die einfachen Leute sie nicht einem kleinen Kreis von Ratsherren und Amtsträgern überlassen wollten.

Die athenische Triëre (‚Dreiruderer') wurde von etwa 170 Männern, die in drei Reihen versetzt über- und nebeneinander saßen, gerudert, hinzu kamen seemännisches Personal und einige schwer bewaffnete Krieger. Das Schiff war ganz auf Schnelligkeit und Wendigkeit im Gefecht ausgerichtet. Ziel war es, die gegnerischen Schiffe durch Rammen mit dem bronzebewehrten Sporn am Bug zu versenken. Gesegelt wurde die Triëre nur auf dem Marsch und bei günstigem Wind. In seiner Blütezeit Mitte des 5. Jahrhunderts v. Chr. verfügte Athen über ca. 300 Triëren.

Der Peloponnesische Krieg und seine Folgen

Der Krieg zwischen **Sparta** und **Athen** um die Vorherrschaft in Griechenland (431–404 v. Chr.) kann als die Urkatastrophe der griechischen Geschichte bezeichnet werden. Er wurde wesentlich dadurch herbeigeführt, dass die politische Führung in Sparta fürchtete, ein weiteres Machtwachstum Athens bedrohe das eigene, spartanische Bündnissystem, und weil in Athen der Wille und die Zuversicht überwogen, den eigenen Anspruch auf die Vorherrschaft in ganz Griechenland auch gegen Sparta durchzusetzen. Aufseiten Athens standen der Attische Seebund, Thessalien und Teile Westgriechenlands, auf Spartas Seite der Peloponnesische Bund, die meisten mittelgriechischen Staaten und die Kolonien Korinths. Athen war finanziell und zur See, Sparta zu Land überlegen. **Perikles** evakuierte deshalb die attische Landbevölkerung hinter die damals unbezwingbaren Langen Mauern, welche die Stadt Athen und den Hafen Piräus verbanden, und setzte darauf, die Spartaner durch Invasionen der peloponnesischen Küsten zu zermürben (Archidamischer Krieg 431–421 v. Chr.). Wenn Athen den *status quo ante,* den Zustand vor dem Krieg, behaupten konnte, musste Sparta sein Kriegsziel, die Auflösung des Attischen Seebundes und die ‚Freiheit' aller Griechenstädte, verfehlen. Diese Erschöpfungsstrategie Athens brachte Sparta bis 424 v. Chr. in eine ernste Lage, obgleich auch Athen durch den Ausbruch einer verheerenden Seuche und den Tod des Perikles (429 v. Chr.) geschwächt war. Athen verspielte seine Erfolge jedoch durch die Machtpolitik von Perikles' Nachfolgern, vor allem des Kleon. Der Spartaner Brasidas bedrängte Athen durch den Angriff auf die Städte an der Nordküste der Ägäis, die für die Sicherung der athenischen Getreideversorgung aus dem Schwarzmeerraum wichtig waren. Doch vor der Stadt Amphipolis fielen er und Kleon (422 v. Chr.). Allgemeine Kriegsmüdigkeit führte zum Frieden des Nikias (421 v. Chr.) auf der Grundlage des Besitzstandes vor dem Krieg.

413 v. Chr. brach der Krieg von Neuem aus (sog. Dekeleisch-Ionischer Krieg 413–404 v. Chr.), als Athen durch einen katastrophal gescheiterten Eroberungszug nach **Sizilien** (415–413 v. Chr.) geschwächt war. Die Stadt vermochte den Abfall der ionischen Seebundstädte nicht aufzuhalten, während Sparta, seit 412 v. Chr. im Bund mit Persien, nunmehr durch dessen Hilfsgelder eine starke Flotte unterhalten konnte. Auch zwischenzeitliche Seesiege Athens konnten seine Niederlage nicht mehr verhindern. 405 v. Chr. vernichtete der Spartaner Lysander die letzte athenische Flotte bei Aigospotamoi und zwang Athen 404 v. Chr. durch Einschließung und Aushungern zur Kapitulation. Es wurde völlig entmachtet. Über Griechenland errichtete Sparta eine rücksichtslose Hegemo-

nie, seit 387/86 (sog. **Königsfrieden**) mit ausdrücklicher Rückendeckung durch die Perser.

Der Peloponnesische Krieg zeigte die strukturelle Unfähigkeit der Griechen zur Außenpolitik. Da v. a. die Großmächte Athen, Sparta, Theben und Korinth im Banne von Wettbewerbs- und Racheethik ihre Außenbeziehungen nur in Form von Herrschaft oder Unterwerfung, Sieg oder Niederlage, Rache und Widerrache gestalten konnten und auch kleinere Poleis in dem „großen Spiel um Hellas“ (A. Heuss) mitwirkten, waren die menschlichen, materiellen und moralischen Verwüstungen durch den großen Krieg einschneidend. Zwar erholten sich die meisten Poleis, allen voran Athen, wirtschaftlich verhältnismäßig rasch von den Folgen des Krieges und wurde die Demokratie dort durch institutionelle Veränderungen krisenfester gemacht, aber eine stabile zwischenstaatliche Ordnung konnte in Griechenland insgesamt nicht mehr begründet werden. Dies gelang erst – nunmehr vom Rande der griechischen Welt her – dem Makedonenkönig **Philipp II.** (382–336 v. Chr.), und wieder nur als Herrschaftsordnung nach einer gewonnenen Schlacht (**Chaironeia** 338 v. Chr.).

Dennoch wäre es falsch, von einem Niedergang des Griechentums im 4. Jahrhundert v. Chr. zu sprechen. Lediglich die Rahmenbedingungen hatten sich geändert. Man darf auch nicht vergessen, dass viele der großen Kulturleistungen besonders Athens gerade in dieser Epoche erreicht wurden; das galt vor allem für die Philosophie (Platon und Aristoteles) sowie die Redekunst (Rhetorik), aber auch für die Bildende Kunst. Die in Athen geprägte Literatursprache und der Kanon von vorbildhaften Werken waren wichtige Voraussetzungen für die Verbreitung der griechischen Kultur in der anschließenden Epoche, dem Hellenismus.

Weltherrschaft und Weltkultur im Namen der Griechen: Alexander und der Hellenismus

Als Alexander, König von Makedonien, 334 v. Chr. nach dem Tod seines Vaters Philipp im Alter von 20 Jahren an der Spitze eines makedonischen Heeres zum Kriegszug gegen die Perser über den Hellespont nach Kleinasien aufbrach, ahnte er gewiss noch nicht, dass er in einem Zeitraum von nur zehn Jahren ein riesiges Weltreich erobern sollte, das von Griechenland im Westen bis an den Indus im Osten, von Ägypten bis ins Gebiet des heutigen Afghanistan reichte. Vielmehr war dieses Reich aus einer Eigendynamik entstanden: Immer gab es Gründe, nach einem Sieg weiterzuziehen, um das Gewonnene zu sichern und zu sehen, was ‚dahinter' war. Alexander orientierte sich außerdem an Leitbildern wie Achilleus und Herakles; das Streben der rastlosen mythischen Helden war auch das seine. Doch am Indus, nach 15 000 Kilometern und unermesslichen Leiden, meuterten die Soldaten. Jedoch ging es Alexander auch nach seiner Rückkehr nicht etwa darum, sein Reich zu konsolidieren und eine makedonisch-persische Elite aufzubauen; vielmehr bereitete er einen weiteren Feldzug vor, nunmehr ins Innere Arabiens.

Nach dem frühen Tod Alexanders in Babylon 323 v. Chr. zerfiel sein Reich und es entstanden stattdessen eine Anzahl von makedonisch-griechisch dominierten Reichen, die sog. **Diadochenreiche**. Deren wichtigste waren das Antigonidenreich in Makedonien, das Seleukidenreich in Asien und das Ptolemäerreich in Ägypten. In den ersten beiden Generationen gab es zahlreiche Kriege.

Man kann den Hellenismus als ein erstes Zeitalter der **Globalisierung** bezeichnen. Eine größere Zahl von Menschen kam weit herum: Söldner, Künstler, Ärzte und andere Experten, aber auch Philosophen und Anhänger der zahlreichen Religionen. Sie kamen dem Bedürfnis der Menschen

Die jugendlichen Züge, die leichte Neigung des Kopfes und die bewegte Stirnfrisur im Porträt Alexanders betonen die Tatkraft des Königs und sollen an griechische Helden wie Achilleus erinnern.

nach spiritueller Sicherheit entgegen. Doch man musste nicht unbedingt reisen, um die Welt kennenzulernen. Ein Merkmal des Hellenismus war auch eine **Wissensexplosion**. Das zeigte sich zum einen in einer Verwissenschaftlichung verschiedener Disziplinen. Philologen suchten aus zahlreichen Handschriften einen möglichst originalgetreuen Text der Epen Homers zu erstellen. Griechische Mathematiker und Astronomen profitierten vom Wissen der babylonischen und ägyptischen Gelehrten. Geographen trugen die Informationen von Alexanders Eroberungszug und von Entdeckungsfahrten zur See zusammen, um ein neues, erweitertes Weltbild zu gewinnen. Universalgelehrte versuchten, ihr Wissen über die Sitten der verschiedenen Völker mit philosophischen Kategorien zusammenzubringen.

Orte dieser Produktion und Sicherung von Wissen waren Pergamon, Athen und vor allem **Alexandria** an der Mittelmeerküste Ägyptens. Die von Alexander gegründete Stadt kann als antike Megacity angesprochen werden; neben Ägyptern lebten dort viele Griechen, Makedonen, Juden, Syrer und Menschen aus zahlreichen anderen Ländern, insgesamt vielleicht eine Million. Die große, von den Ptolemäern finanzierte Bibliothek rühmte sich, mindestens ein Exemplar jedes jemals geschriebenen Buches zu besitzen. Hier arbeiteten die erwähnten Wissenschaftler, hier wurden die Heiligen Bücher der Juden ins Griechische übersetzt (sog. Septuaginta). Der Hafen war neben dem von Karthago der modernste der Welt, weithin sichtbar wies ein Leuchtturm den Kapitänen den Weg.

Wie heutzutage auch war die erste antike Globalisierung kein simples Phänomen. Einerseits konnte nun jeder sehen, wie vielgestaltig die Welt war und wie groß etwa das ‚Angebot' an Religionen, philosophischen Lehren und Lebensformen. Dabei waren auch Griechen auf der Suche nach der Weisheit und der religiösen Inspiration anderer Kulturen. Sie sahen sich nun aber Gottheiten und Kultformen gegenüber, die alles, was sie von der angestammten Polisreligion her gewohnt waren, weit in den Schatten stellten. Alles war viel mächtiger und intensiver. Man lernte gleichsam universale, machtvolle, geradezu überwältigende Gottheiten kennen, etwa den Himmels- und Sonnengott Baal, die großen ägyptischen Götter, besonders die weithin beliebte Isis, die anatolisch-orientalischen Mutter- und Liebesgottheiten wie Kybele, Astarte, Atargatis, schließlich den iranischen Sonnen- und Lichtgott Mithras. Schon früh hatten sie solche Gottheiten auch mit den bei ihnen besonders wirkungsmächtigen und Hilfe wie Erlösung versprechenden Mysteriengottheiten identifiziert, beispielsweise Demeter mit der Isis. Im Hellenismus verbreitete sich die Übung. Gerade Schutz und Hilfe wirkungsmächtiger Götter versprachen Halt in schwankenden Zeiten. Orientalisch-ägyptische Gottheiten in nicht selten ekstatischer Form zu verehren ging häufig von kleineren Gruppen aus, verbreitete sich aber netzwerkartig und strahlte weithin aus.

Andererseits und neben dieser Vielfalt fand eine gewisse äußere Uniformierung unter griechischen Vorzeichen statt: Nicht nur gründeten zumal die Seleukiden nach dem Vorbild Alexanders zahlreiche Städte griechischer Prägung, von sich aus nahmen auch lokale Oberschichten griechische Lebensformen an. Diese Anpassung an die Lebensweise der ‚Sieger' sollte das eigene Prestige steigern. Der Unterschied zwischen oben und unten, zwischen Hellenen und Barbaren wurde im Hellenismus kulturell verstanden, das heißt, er konnte individuell durch Anpassung an die griechische Lebensweise überwunden werden. Wer ‚dazugehören' wollte, musste – und konnte! – Grieche werden, indem er die Sprache lernte, sich in die Geisteskultur der Griechen einarbeitete und einen bestimmten Lebensstil pflegte. Dazu gehörte es, in einer Stadt zu wohnen, die bestimmten Normen von Urbanität genügte, mit einer Agora, die von schattenspendenden Säulenhallen umstanden war, und einem Theater sowie Orten für Bildung und Sport (**Gymnasien**).

Früher war man der Ansicht, die griechische Kultur habe die einheimischen Formen völlig zugedeckt und zum Absterben gebracht, oder man nahm an, es habe nur eine oberflächliche Überformung stattgefunden. Beides trifft wohl nicht zu. Am Ende einer mehrere Jahrhunderte währenden Begegnung der Kulturen stand in der römischen Kaiserzeit eine in Grundzügen überall ähnliche **Provinzialkultur**, die je nach regionaler Schattierung unterschiedliche Anteile vorgriechischer, griechischer und römischer Herkunft verarbeitet hatte. Die griechischen Kulturformen – Sprache, Bildung, Leben in der Polis – boten dabei eine Art akzeptierter ‚Gemeinsprache' für den Ausdruck auch regionaler Identitäten. Sie waren auch unentbehrlich, um mit dem Machtzentrum kommunizieren zu können – zuerst mit dem hellenistischen König, später mit dem römischen Statthalter beziehungsweise noch später mit dem Kaiser. Wirklich ungebrochene vorgriechische Traditionen gab es nicht mehr; wo sie gepflegt wurden, geschah das bewusst, etwa um nicht den ‚Draht' zu den weniger hellenisierten Teilen der eigenen Bevölkerung abreißen zu lassen, die weiterhin eine vorwiegend mündlich und über Kultformen überlieferte einheimische Volkskultur pflegte. Allerdings war auch diese von den Veränderungen durch die Hellenisierung und den Wegfall ihrer zuvor von den Eliten gepflegten ‚hochkulturellen' Variante nicht unberührt geblieben.

Die frühislamische Kultur ab dem 7. Jahrhundert n. Chr. war Erbin dieser komplexen kulturellen Gemengelage. Als frühe arabisch-islamische Gelehrte wie der Kalif al-Ma'mun (der Sohn Harun ar-Ra-shids) oder der Mathematiker Thabit bin Qurra den Hellenismus für sich entdeckten, griffen sie bewusst auf dessen vorchristliche Phase zurück. Der Philosoph Aristoteles, der Geograph Ptolemaios und der Arzt Galen konnten bestens zum Erbe erklärt und gepflegt werden, weil sie keine Christen waren. Pagane, also vorchristlich-hellenistische Traditionen und Kulte, wurden im islamischen Raum noch lange auch praktisch gepflegt, etwa in der mesopotamischen Stadt Harran.

Die Prägekraft der griechischen Tradition und Lebensform im Hellenismus reichte auch im Westen sehr weit. Römische Aristokraten, die mit ihren Heeren im 2. Jahrhundert v. Chr. in einer Kette von Kriegen alle griechischen Staaten besiegt und von Rom abhängig gemacht hatten, öffneten sich sehr weitgehend der hellenistischen Kultur. In der Kaiserzeit herrschte dann sogar die Vorstellung, man gehöre einer einheitlichen gräko-römischen Reichskultur unter dem Schutz des römischen Kaisers an. Diese Vorstellung „war geradezu der Kitt des Imperiums, das nun auch die Griechen als das ihre ansahen und in dem das Griechische eine der beiden offiziellen Sprachen war".[28]

So war es sogar möglich, dass die griechisch sprechenden Römer, die sich selbst Rhomaioi nannten – wir sprechen vom Byzantinischen Reich –, die griechische Kultur des Altertums auch nach dem Ende des Römischen Reiches im Westen noch fast 1 000 Jahre lang, bis zur Eroberung von Konstantinopel durch die Türken im Jahre 1453, bewahren konnten.

Alexander d. Große und seine Nachfolger in den hellenistischen Königreichen waren die ersten europäischen Monarchen, die ihr Porträt auf Münzen prägen ließen.

28 Hans-Joachim Gehrke, Hellenismus – Ein moderner Blick auf die „moderne Zeit des Altertums", in: Magazin der Wissenschaftlichen Buchgesellschaft 4/1998, S. 19.

Rom

Warum die Römer?

Die Frage nach der äußeren Macht eines Staates und nach der Stabilität seiner inneren Ordnung hat immer großes Interesse gefunden. Die mehr als 1 000 Jahre dauernde Geschichte der Römer im Altertum vermochte vielen Generationen Antworten auf diese Fragen zu geben, verbunden mit anschaulichen Bildern und großen Idolen. Deshalb ist sie immer lebendig geblieben.

Die 1855 fertiggestellte Göltzschtalbrücke (Thüringen) zeigt die Rezeption römischer Infrastrukturbauten.

Dabei hat zum einen der Aufstieg Roms zur weltbeherrschenden Macht im Vordergrund gestanden, verbunden mit der Frage, wie die Römer diese Herrschaft dauerhaft zu gestalten vermochten. Das **Imperium Romanum** als Weltreich hat Könige, Kaiser und Kolonialherren wieder und wieder inspiriert. Aber auch der Niedergang des Römischen Reiches, seine Schwäche und sein Versagen in den Umbrüchen der Völkerwanderungszeit, fanden immer besonderes Interesse, weil man glaubte, aus ihm für die eigene Zeit lernen zu können. In der inneren Politik waren es beispielhafte Umbrüche, denen besondere Aufmerksamkeit galt: der in der römischen Geschichtsüberlieferung legendenhaft ausgeschmückte Sturz des tyrannisch gewordenen Königtums, die Begründung einer Republik, in der Adel und Volk zusammenwirkten, dann die Krise dieser Republik, die schließlich einer neuen Monarchie Platz machen musste, einer Monarchie, die danach als christliches und römisches Kaisertum bis weit über das Ende des Mittelalters hinaus (tatsächlich bis 1806) fortbestand und der irdischen Ordnung Sinn und Dauer zu verleihen versprach.

Übersicht: Die Hauptabschnitte (Epochen) der römischen Geschichte

Die innere Entwicklung des Römischen Reiches

Königszeit 8.–6. Jhdt. v. Chr.	• Gründung Roms (traditionell: 753 v. Chr.)
Frühe Republik ab ca. 500/470 v. Chr.	• Ende des Königtums (traditionell: 509 v. Chr.); Rom wird von einer adligen Oberschicht, dem Patriziat, beherrscht, die sich im Senat versammelt und die Ämter besetzt. • Soziale Konflikte; Kampf um Rechtssicherheit (Zwölftafelgesetz: ca. 450 v. Chr.) • Eine nicht-patrizische Elite strebt nach Gleichberechtigung (sog. Ständekämpfe).
Klassische Republik ab 367 v. Chr.	• Durch die endgültige Gleichberechtigung vornehmer Vertreter der Plebejer bildet sich in Rom ein neuer Dienst- und Leistungsadel, die sog. Nobilität, heraus. • Rom wird aber keine Demokratie.
Späte Republik oder Revolutionszeit ab 133 v. Chr.	• Durch wachsende Spannungen innerhalb der regierenden Schicht um individuellen Rang und Ansehen und ihre Überforderung ergeben sich Konflikte, die zunehmend gewaltsam ausgetragen werden und zu einer Auflösung der traditionellen Ordnung führen. • Der Senat verliert gegenüber Soldaten und ‚kleinen Leuten' an Autorität. Schließlich bleibt nur noch die Frage, welcher Militärmachthaber eine neue Ordnung auf Dauer stellen kann.
Prinzipat oder Kaiserzeit ab 30/27 v. Chr.	• Augustus, Adoptivsohn Iulius Caesars (44 v. Chr. ermordet), begründet eine neue, monarchische Ordnung.
Spätantike 284/306 n. Chr.	• Die Kaiser Diokletian und Konstantin gestalten das Römische Reich gründlich um, damit es die Gefahren von innen und außen (germanische Völkerwanderung!) bestehen kann.

Die äußere Entwicklung des Römischen Reiches

Italische Phase bis 272 v. Chr.	• Rom wird Vormacht in Latium, • unterwirft die Samniten und die Griechenstädte und • verteidigt sein Herrschaftsgebiet gegen Pyrrhos.
Kampf mit Karthago 264 –146 v. Chr.	• Punische Kriege: 264–241, 218–201, 149–146 v. Chr. • Rom wird Vormacht im westlichen Mittelmeerraum (Italien, Südfrankreich, Spanien, Nordafrika) und • organisiert die unterworfenen Gebiete außerhalb Italiens als Provinzen (als erste: Sizilien).
Hegemonie im östlichen Mittelmeer 200–168/63 v. Chr.	• Rom gewinnt durch mehrere Kriege gegen die hellenischen Königreiche den Osten des Mittelmeerraumes (Griechenland, Kleinasien, Syrien).
Erweiterung zum Weltreich 58 v. Chr.–117 n. Chr.	• Rom erobert durch Caesar und Augustus Gallien (heute Frankreich und Belgien), den Alpen- und Donauraum, Ägypten, das westliche Germanien, den nördlichen Balkan, Britannien, Arabien, Dakien (heutiges Rumänien) und Teile des Mittleren Ostens. • Das von Germanen bewohnte Land zwischen Nordsee und Elbe kann jedoch nicht dauerhaft behauptet werden (Katastrophe des Varus 9 n. Chr.). • Unter Kaiser Traian erreicht das Römische Reich seine größte Ausdehnung (117 n. Chr.).
Krise ab ca. 250 n. Chr.	• Durch den immer stärkeren Druck auf die Grenzen im Osten (Parther) und Norden (Germanen) beginnt das Reich zu schrumpfen.
Zerfall ab ca. 400 n. Chr.	• Die wachsenden politischen, kulturellen und religiösen Unterschiede zwischen dem (lateinischen) Westen und dem (griechischen) Osten des Reiches münden durch das Auseinandergehen auch von Verwaltung und Politik in eine faktische Reichsteilung. • 410 n. Chr. Plünderung Roms durch die Westgoten; ca. 440 Verlust des reichen Nordafrika an die Vandalen.
476 n. Chr.	• Im Westteil des Reiches erlischt das zuvor schon machtlose Kaisertum; das Ostreich besteht als Byzantinisches Kaiserreich in veränderter Form bis 1453 fort.

Bei der römischen Geschichte ist es sinnvoll, die innere Entwicklung des Staates, seine ‚Verfassung' (vgl. S. 70–82), getrennt von der äußeren Entwicklung des römischen Herrschaftsgebietes zu gliedern. Die Angabe ‚traditionell' meint, dass das jeweilige Ereignis in der römischen Frühzeit üblicherweise mit dem genannten Jahr verbunden wird, obwohl die geschichtliche Überlieferung sehr unsicher ist.

Die Periodisierung ist insofern übersichtlich, als die römische Geschichte nur **ein einziges Zentrum** hat. Während die Epochen der griechischen Geschichte, in gewisser Weise sogar diese selbst moderne Konstrukte sind, wurden die wesentlichen Einschnitte der römischen Verfassungsordnung (Sturz der Könige, Aufrichtung der Monarchie als Prinzipat, veränderter Begriff vom Kaisertum in der Spätantike) schon von antiken Autoren als solche benannt. Das gilt ähnlich auch für die Schritte der Expansion.

Rom in Italien

Raum und Umwelt

Unter Italien verstand man in der Zeit der Römischen Republik nur den Schaft der Apennin-Halbinsel, im Norden begrenzt von einer Linie, die etwa durch die Städte Ariminum (Rimini) und Pisae (Pisa) gegeben ist. Italien ist landschaftlich stark gegliedert. Große und kleine Ebenen wechseln mit massiven Gebirgszügen und Hügelland. Neben der weiten oberitalienischen Tiefebene bilden die latinische und die kampanische sowie die apulische Ebene große zusammenhängende Landstriche, die lediglich durch Flüsse (Po, Tiber, Volturno, Ofanto) deutlich unterteilt werden. Auch das Apennin-Gebirge lässt viele kleine und auch größere, meist in nord-südlicher Richtung verlaufende Ebenen frei. Etrurien, die heutige Toskana, ist dagegen eine typische Landschaft für den Wechsel von hügeligem, gar bergigem Land mit z. T. auch breiteren Ebenen.

Das **Landschaftsbild** Italiens hat in der Antike vielfach anders ausgesehen als heute. Vor allem Süditalien, aber auch etwa Sizilien, heute weitgehend waldlose, verkarstete Landstriche, haben wir uns in der Antike, zumindest in republikanischer Zeit, noch dichter bewaldet vorzustellen. Da der Wald den Boden und die Feuchtigkeit festhält, war das Land sehr fruchtbar. Für das allmähliche Verschwinden des Waldes waren verschiedene Faktoren verantwortlich. Zum einen wurde viel gerodet, um Ackerland zu gewinnen. Eine nicht unwesentliche Ursache der Verkarstung dürfte zum anderen die Verwendung des Holzes als Brennmaterial gewesen sein. Zum Heizen, zur Verhüttung von Erz und zum Brennen von Keramik benutzte man Holzkohle. Von den Folgen der Ziegenhaltung war schon die Rede. Dass Ziegenmilch und Ziegenkäse Volksnahrungsmittel waren, wirkte sich auf den Baumbestand verheerend aus.

Ein multikulturelles Umfeld

Etwa um 300 v. Chr. lebten in Italien neben alteingesessenen Bevölkerungsgruppen solche, die vor längerer oder kürzerer Zeit eingewandert waren. Die Po-Ebene hielten in dieser Zeit keltische Stämme besetzt. In den sich südlich anschließenden bergigen Landschaften des Apennin saßen italische Stämme bis hinunter nach Süditalien. Sie gliederten sich wieder in zahlreiche Unterstämme. Im westlichen Mittelitalien, im unteren Tiberbogen und in der Ebene zwischen dem unteren Tiber und dem Albanermassiv siedelte die kleine Gruppe der Latino-Falisker, die mit den Italikern verwandt war, sich jedoch in kultureller Hinsicht und auch in der Sprache von jenen nicht unerheblich abhob. Zu einem Teilstamm der Latino-Falisker, den **Latinern**, gehörten die Römer. In der Toskana lebten die **Etrusker**, die, ganz anders als die bisher genannten Völkerschaften, in Städten siedelten. Das galt auch für die **Griechen** an den Küsten Süditaliens und Siziliens.

Die landschaftliche, ethnische und kulturelle Buntheit Italiens war für die Römer in doppelter Hinsicht günstig. Zum einen standen sie politisch-militärisch nie einer geschlossenen Einheitsfront gegenüber, zum anderen waren sie immer bereit, von den anderen Völkern Italiens zu lernen. Schrift, Literatur und vieles der adligen Lebenskultur waren von den Griechen geprägt, von den Etruskern im Norden übernahmen die Römer einige religiöse Riten, von den italischen Samniten Verbesserungen in militärischer Ausrüstung und Taktik.

Die Gründung Roms

Jede bedeutende Stadt in der Antike hatte ihre **Ursprungslegende**. Vor allem die Griechen fragten bei Städten, aber auch bei bedeutenden Kulturleistungen wie Baukunst, Dichtung oder Technik gern nach dem Gründer oder ‚ersten Entdecker'. Auch Rom hatte eine solche Gründungsgeschichte mit vielen märchen- und sagenhaften Zügen. Sie kreist um die Zwillinge **Romulus und Remus** und ist in jedem Buch mit Sagen des Altertums nachzulesen. In Wirklichkeit waren die Anfänge Roms viel weniger spektakulär: Wohl im 7. Jahrhundert v. Chr. schlossen sich mehrere dörfliche Siedlungen auf den Hügeln nahe der Tibermündung zu einer Gemeinde zusammen, wahrscheinlich auf Initiative der Etrusker, die sich damals nach Süden hin ausdehnten. Die Entwässerung der sumpfigen Ebene schuf einen Platz, das spätere Forum. Mit diesem künstlich geschaffenen öffentlichen Raum begann die **Stadtwerdung** Roms.

Das frühe Rom: Institutionen und Konflikte

An der Spitze der frühen Gemeinde Rom stand ein **König**, der die Bewohner im Krieg anführte und den Kontakt zu den Göttern aufrechterhielt. Politische Macht und Religion gehörten also eng zusammen. Die Bürgergemeinde und das Heer waren in doppelter Weise gegliedert: neben der ‚natürlichen' Gliederung in Familien und größere Verwandtschaftsverbände *(gentes)* stand eine künstliche in Tribus und Curien, ähnlich der griechischen Phylenordnung.

Schon auf den ältesten römischen Münzen aus der Zeit um 270 vor Chr. war die Gründungsgeschichte der Stadt mit den Zwillingen und der Wölfin dargestellt. Auf der Vorderseite der Kopf des Hercules (griech. Herakles), erkennbar an der Keule auf der Schulter. Das zeigt, dass die Römer bereits früh von griechischer Kultur und Religion beeinflusst waren.

Die älteste **Volksversammlung**, die keine Abstimmungs-, sondern eher eine Kultversammlung war, bestand aus 30 Curien. Generell war bei den Römern die **Autorität** des Anführers von Anfang an stark ausgebildet. Das galt sowohl für den König als auch für die Vorsteher der Unterabteilungen, vor allem aber für das Familienoberhaupt *(pater familias)* und später die Amtsträger **(Magistrate)** der Gesamtgemeinde. Insgesamt achtete man sehr auf die Unterscheidung von oben und unten. Aber zwischen den Mächtigen und den einfachen Leuten bestanden auch starke Bindungen durch **Klientelverhältnisse**. Ein Bauer war als Klient dadurch an einen **Patron** gebunden, dass er bestimmte Leistungen von ihm erwarten konnte, wie z. B. Vertretung vor Gericht, Hilfe in der Not oder bei Streitigkeiten, und im Gegenzug seinerseits bestimmte Verpflichtungen hatte. Dieses Klientelverhältnis darf nicht mit mittelalterlicher Hörigkeit verwechselt werden, es war eher eine soziale und kommunikative Solidaritätsbeziehung zwischen Ungleichen.

Nach dem Ende der etruskischen Vorherrschaft in Mittelitalien wurde in Rom das Königtum beseitigt. Nunmehr herrschte eine Gruppe von adligen Familienoberhäuptern, die sogenannten **Patrizier**, die schon in der Königszeit ein Ratsgremium, den **Senat** (‚Rat der Alten') gebildet hatten. Das oberste Amt der Gemeinde besetzten die Patrizier nunmehr aus ihren Reihen, wobei die Amtsdauer auf ein Jahr begrenzt war. Die Bezeichnung dieses Amtes – *praetor maximus* – offenbart seine Aufgabe, nämlich die Heerführung (prae-itor: der vor dem Heer vorweg geht). Die Römer konnten sich wenig später ihren Staat (res publica Romana) überhaupt nur als Nicht-Monarchie vorstellen. Daher ist **Republik** im klassischen Staatsdenken Europas und der USA zum Gegenbegriff von Monarchie geworden. Die Adligen, die sich gegen den König durchgesetzt hatten, verteufelten bald jede Form von Alleinherrschaft als Tyrannei.

Silberdenar mit Symbolen für die Ermordung Caesars. Die Schrift nennt das Datum der Tat: EID(ibus) MAR(tiis): an den Iden des März.

Wer in Rom versuchte König zu werden, war des Todes; allein der Vorwurf war eine mächtige Waffe. Am brutalsten sollte das später Iulius Caesar spüren; er wurde am 15. März 44 v. Chr. von einer Gruppe von Verschwörern ermordet. Als dann sein Adoptivsohn Oktavian, der spätere Kaiser Augustus, daran ging, den römischen Staat tatsächlich als Monarchie neu zu ordnen, konnte er das nur tun, indem er den Anschein vermied, König oder Tyrann zu sein, und stattdessen die Wiederherstellung der *res publica* verkündete. Noch in der Französischen Revolution spielten die römischen Kämpfer gegen die Monarchie als Vorbilder für die radikalen Anhänger einer Republik eine wichtige Rolle: der ältere Brutus, der den letzten, zum Tyrannen entarteten römischen König Tarquinius Superbus vertrieben haben soll, und der jüngere Brutus, einer der Caesarmörder. Unter dem Schlagwort der Freiheit konnten so römische Aristokraten zu Helden einer demokratischen Bewegung werden. Der jüngere Brutus ließ übrigens nach seiner

Tat eine Münze prägen mit zwei Dolchen und einer sogenannten phrygischen Mütze, dem Zeichen eines freigelassenen Sklaven (vgl. S. 67). Diese Mütze sollte in der Französischen Revolution in leicht abgewandelter Form als Jakobinermütze wiederkehren.

Im frühen Rom herrschten also die Patrizier. Doch wie in Griechenland veränderte sich auch in Rom die Kampfesweise. Die bisher dominierenden adligen Reiter verloren an Bedeutung, stattdessen wurde die dichte Formation zahlreicher Schwerbewaffneter, die Phalanx, zur wichtigsten Waffe. Um diese Formation auffüllen (latein. *plere*) zu können, mussten alle Männer herangezogen werden, die sich selbst eine Rüstung leisten konnten. Diese Männer, meistens Bauern, wurden **Plebejer** genannt; die meisten von ihnen hatten wahrscheinlich keinen Patron oder standen nur in einem lockeren Klientelverhältnis. Ihre wichtige, ja entscheidende Bedeutung im Krieg steigerte ihr Selbstbewusstsein, zumal bald eine neue Art der Volksversammlung eingeführt wurde, in der das Stimmrecht nach der militärischen Leistungsfähigkeit abgestuft war. So kam es zum Konflikt mit den Patriziern, die sich ihrerseits immer exklusiver als Geburtsadel nach unten abschotteten und sich vor allem auf das Alleinvertretungsrecht gegenüber den Göttern beriefen.

Wirtschaftliche und soziale Probleme kamen hinzu, vor allem der Mangel an Land bei wachsender Bevölkerung und die in vielen bäuerlichen Gesellschaften verbreitete Schuldknechtschaft, die daher rührte, dass viele Bauern nur gerade so eben zurechtkamen und dem Gläubiger ihre eigene Person und Arbeitskraft als Sicherheit anboten. Diese Verschränkung von Konflikten haben die Römer später als eine einheitliche, die Zeit vom Ende des Königtums bis etwa 300 v. Chr. beherrschende Auseinandersetzung betrachtet, die sog. **Ständekämpfe**. In ihnen schufen sich die Nicht-Patrizier eigene Interessenvertreter, die **Volkstribune**. Sie wurden jährlich gewählt und sollten die Plebejer gegen Übergriffe der patrizischen Amtsträger schützen. Um dies zu ermöglichen, bildeten die Plebejer eine Schwurgemeinschaft und erklärten die Tribune für unantastbar. Wer sich dennoch an ihnen vergriff, hatte die gesamte Plebejerschaft gegen sich und konnte von dieser straflos getötet werden. Außerdem verfügten die Plebejer noch über ein anderes Mittel: die Drohung mit massenhafter Wehrdienstverweigerung.

Die Plebejer gaben sich auch insofern eine quasi-eigenstaatliche Organisation, als sie eine eigene **Volksversammlung** schufen, zu der Patrizier keinen Zutritt hatten. Weil die Römer Einrichtungen, die einmal begründet worden waren, auch dann nicht abschafften, wenn ihre ursprüngliche Funktion überflüssig geworden war, gab es auch nach dem späteren Ausgleich mit den Plebejern in Rom mehrere Volksversammlungen. Die sog. **Zenturiatkomitien** waren nach dem timokratischen Prinzip gegliedert, wobei die wohlhabenderen Bürger ein deutliches Übergewicht hatten. Hier wurden die höheren Amtsträger gewählt und über Krieg und Frieden abgestimmt. In den aus der Versammlung der Plebejer hervorgegangenen sog. **Tributkomitien** gab es 35 regional zusammengesetzte Stimmabteilungen, das Vermögen spielte hier keine Rolle. In ihnen fanden u. a. Abstimmungen über Gesetze statt.

Zu einem ersten Ausgleich kam es, als um 450 v. Chr. das geltende Recht auf zwölf Tafeln aufgezeichnet wurde und damit eine gewisse Berechenbarkeit in Konfliktfällen gesichert war. Das **Zwölftafelgesetz** gibt auch in seinen wenigen Überresten noch einen lebendigen Eindruck vom alltäglichen Kampf ums Überleben: Verschuldung, Übergriffe, Diebstahl von Bauholz, Feldzauber und gewalttätige Selbsthilfe bedrohten den Frieden der auf engem Raum zusammenlebenden bäuerlichen Bevölkerung. Wollte sich Rom gegen seine Nachbarn behaupten, so mussten diese Konflikte zumindest eingehegt werden, ansonsten war die Wehrfähigkeit bedroht. Umgekehrt versprachen militärische Erfolge durch Beute und Zuwachs an Ackerland auch Erleichterung bei den wirtschaftlichen und sozialen Problemen. Dieser Zusammenhang war den Römern bald klar, und die Patrizier bildeten ihr Selbstverständnis als Krieger und Anführer im Heer, das an sich für jeden Adel typisch ist[29], besonders aus.

Etwa zeitgleich mit dem Zwölftafelgesetz taten sich immer mehr Nicht-Patrizier in militärischen Führungsaufgaben hervor, die es dadurch zu beträchtlichem Wohlstand brachten. So kam die Forderung auf, diese zweite, plebejische Elite ebenfalls zu den obersten Ämtern zuzulassen. Nach langen Auseinandersetzungen und Widerstand der Patrizier fand man schließlich im Jahre 367 v. Chr. einen Kompromiss: Das oberste Amt in Rom wurde künftig in jedem Jahr mit drei Personen besetzt, von denen einer Plebejer sein konnte. Mit der Zeit bildete sich dann eine Doppelspitze heraus. Jeweils zwei Männer – von ihnen konnte einer Plebejer sein – waren gleichberechtigte **Konsuln**, der dritte, zunächst noch stets ein Patrizier, hatte als **Prätor** fast ausschließlich richterliche Funktionen, obwohl er seine militärische Kommandogewalt, das *imperium,* behielt. Die Konsuln hatten selbstverständlich ebenfalls ein *imperium.* Für alle römischen Amtsträger galt seit Beginn der Republik das Prinzip der Einjährigkeit des Amtes; nunmehr trat die Mehrstelligkeit gleichberechtigter Amtskollegen hinzu. Sie war die Konsequenz aus der Verbreiterung der politisch führenden Schicht.

29 Man denke nur an die Ritter im Mittelalter, die japanischen Samurai oder den preußischen Adel vom 18. bis ins 20. Jahrhundert.

Die Verfassung der Römischen Republik: Das Organisationsstatut der Nobilität

Was ist eine Verfassung?

Seit dem Ende des 18. Jahrhunderts bezeichnet der Begriff ‚Verfassung' die Gesamtheit der Vorschriften, Lehren und Gewohnheiten, welche die Grundlage der politischen Organisation eines Staates bilden. Dazu gehört die tägliche politische Praxis und die Art, wie sich verschiedene politische Machtzentren (etwa: Regierung, Parlament und Parteien oder Bund und Länder) aufeinander einspielen. In diesem Sinne ist ‚Verfassung' ein deskriptiver Begriff.

In den meisten Staaten der Gegenwart meint Verfassung daneben im engeren Sinn auch ein besonderes Dokument, einen Text, der häufig die Begründung eines Staates begleitete (wie die Verfassung der Vereinigten Staaten von 1787) oder seine Neugründung besiegelte (wie das Grundgesetz der Bundesrepublik Deutschland und die Verfassung der DDR 1949). Ein solches Dokument regelt die Grundlagen des politischen Lebens, das Zusammenspiel der Gewalten, Institutionen und Verfassungsorgane und es benennt die Grundlagen, Grundüberzeugungen und Grundrechte, welche der staatlichen Organisation zugrunde liegen. Ein solches Dokument hat normativen (regelnden) Charakter. Es bildet das eigentliche **Organisationsstatut** des Staates. Weil das Verfassungsdokument nicht alle möglichen Streitfälle voraussehend regeln kann, bedarf es der Interpretation und der Fortentwicklung durch eine eigene Institution. Meist ist das ein Verfassungsgericht/Oberstes Gericht, welches über die Einhaltung und richtige Interpretation der Verfassung wacht. Das Verfassungsdokument zusammen mit dieser Interpretation und Fortschreibung bildet das sog. **Verfassungsrecht** eines Staates. In Großbritannien gibt es kein Verfassungsdokument wie in den meisten anderen Staaten; hier meint Verfassung die Summe der Dokumente, Vereinbarungen und traditionellen Regeln, die nach allgemeiner Übereinstimmung das politische Leben steuern.

Nobilität, Senat und Amtsträger

Die Verfassung der Römischen Republik bildete in dieser Hinsicht eine Art Vorläufer des englischen Modells. In der ganzen Antike waren umfassende Verfassungsurkunden unbekannt. Für die Römer hieß der verfassungsmäßige Zustand des Staates einfach **res publica**, was nichts anderes bedeutete, als dass die einschlägigen Gesetze und die Traditionen des Politikmachens beachtet wurden. Man berief sich auf die ‚Sitte der Vorfahren' *(mos maiorum),* d. h., man fragte immer in erster Linie, wie wohl die Vorfahren in der guten alten Zeit in der betreffenden Situation gehandelt hätten. Ergänzend traten Gesetze hinzu, die bestimmte Einzelfragen regelten, etwa den Aufbau der Ämterlaufbahn. Sie betrafen interessanterweise auch zunehmend das Verhalten der Mitglieder der Führungsschicht, indem sie etwa den Wahlkampf und die private Lebensführung zu regeln suchten.

Formal betrachtet krankte die Verfassung der Römischen Republik an Widersprüchen und ungelösten Fragen. So war der oberste Amtsträger, der Konsul, durch seine unbeschränkte Befehlsgewalt einerseits sehr mächtig, doch zumindest in Rom selbst konnte jede seiner Handlungen von einem der zehn Volkstribunen durch Einspruch (latein. *veto:* ich verbiete) verhindert werden. Bestand da nicht die Gefahr der Lahmlegung des staatlichen Handelns? Nun, eine solche formale Betrachtungsweise verkennt das Wesen der republikanischen Verfassung. Diese war im Kern das in langer Zeit herausgebildete System aus Regeln und Normen, an denen sich die politisch führende Schicht und das Volk orientierten. Solange hier eine Übereinstimmung über die Gültigkeit dieses Systems herrschte und das Volk sich gut aufgehoben fühlte, stellte sich die Frage nach Widersprüchen und Blockaden nicht. Anders gesagt: die Verfassung war in ihrem Kern das Organisationsstatut des herrschenden Adels in Rom.

Seit dem Ende der Königszeit wurde Rom von einer **Aristokratie**, also einem Adel regiert. Das war zunächst ein Geburtsadel (Patriziat) gewesen. Nach dem Ausgleich von 367 v. Chr. bildete sich dann eine neue Führungsschicht heraus, welche aus den Patriziern und besonders tüchtigen und angesehenen Plebejern bestand (vgl. S. 75 f.). Dabei ragten diejenigen heraus, die die höchsten Ämter (Konsulat und Prätur) bekleidet hatten (Konsulare bzw. Prätorier); sie hießen *nobiles* (wörtlich: Männer, die man kennt), man spricht daher von einer Herrschaft der **Nobilität**. Sie war kein Geburtsadel mehr, obwohl patrizische Abstammung oder Vorfahren, die Konsuln waren, die Startchancen eines jungen *nobilis* beträchtlich verbesserten. Dennoch gab es immer wieder ‚neue Männer' **(homines novi)**, die es auch ohne vornehme und hochrangige Vorfahren schafften, ins Konsulat gewählt zu werden. Bekannte Vertreter dieser Gruppe waren etwa der ältere Cato, Marius oder Cicero. Zusammen mit den rangniedrigeren ehemaligen Quästoren, Ädilen und Volkstribunen saßen die Nobiles im **Senat**.

Der Senat mit seinen 300 Mitgliedern (ab 81 v. Chr. 600) bildete in der Republik die meiste Zeit lang die eigentliche Regierung Roms. Die politischen Entscheidungen trafen die Nobiles durch Absprache untereinander. Die notwendige formelle Absegnung der Beschlüsse erfolgte im Senat, der bei strittigen Entscheidungen oft auch zum Ort heftiger Debatten wurde. Ist daher die Nobilität in ihrer Gesamtheit als Regierung anzusehen, bedurfte sie doch zur Durchsetzung ihres Willens der Amtsträger **(Magistrate**[30]**)**. Mithilfe des Senats, in dem alle Fragen von Belang beraten wurden, und der Amtsträger hielt die Nobilität den staatlichen Apparat fest in ihrer Hand. Seit dem Anfang des 2. Jahrhunderts v. Chr. wurde der Verlauf einer Ämterlaufbahn strenger geregelt. Neben diesen regelmäßigen Jahresmagistraten gab es sogenannte **Promagistrate**, deren Amtsgewalt über ihr reguläres Amtsjahr hinaus verlängert wurde, um z. B. einen Feldzug zu Ende zu führen.

Amtsbezeichnung	**Aufgaben**	**Anzahl/Bemerkungen**
Konsul	Heerführung; Leitung der Politik; Vorsitz im Senat; Ausführung der Gesetze; das Amt umfasst militärische Kommandogewalt *(imperium)*	2 Konsuln
Prätor	Rechtsprechung in Rom; ab 227 v. Chr. auch Provinzstatthalter; das Amt umfasst militärische Kommandogewalt *(imperium)*	anfangs 1 (s. o.), dann 2, ab 227/197 v. Chr. 6 Prätoren
Ädil	Marktpolizei; Sicherung der Getreideversorgung; Ordnungsaufgaben; Veranstaltung von Spielen	anfangs 2, später 4 Ädile; die Ausrichtung von Spielen kostete viel Geld, war aber Voraussetzung für den weiteren Aufstieg
Volkstribun (nur Plebejern zugänglich)	anfangs: Schutz der Plebejer gegen Willkür patrizischer Amtsträger; später: Gesetzesanträge und Zügelung widerspenstiger Amtsträger	10 Volkstribune haben ein Verbietungsrecht gegen alle Handlungen aller anderen Magistrate (außer denen des Dictators)
Quästor	Verwaltung der Finanzen in Rom und beim Heer, später auch in den Provinzen; Zuarbeit für höherrangige Magistrate	anfangs 2, ab 80 v. Chr. schließlich 20 Quästoren; nach der Quästur erfolgte meist der Eintritt in den Senat

30 Der Ausdruck ‚Magistrat' bezeichnet den vom Volk gewählten und mit umfassender Gewalt ausgestatteten Amtsträger. Die oft zu findende Übersetzung als ‚Beamter' ist irreführend, weil ein Beamter im modernen Staat etwas ganz anderes ist, nämlich ein von einem Dienstherren ernannter und besoldeter Funktionsträger auf Lebenszeit, der in einen dauerhaften hierarchischen Verwaltungsapparat eingespannt ist und seine Anweisungen von Vorgesetzten bekommt. Alle diese bestimmenden Faktoren gab es in der Antike – abgesehen vom Römischen Reich in der Spätantike (vgl. S. 114–121) – nicht.

Alle fünf Jahre wurden für jeweils 18 Monate zwei **Censoren** gewählt. Sie führten Vermögenseinschätzungen und Musterungen durch, ernannten neue Senatoren und stießen unwürdige aus dem Senat aus. Sein besonderes Profil erhielt dieses Amt von seinen herausragenden Vertretern, z. B. dem älteren **Cato** (Censor 184 v. Chr.).

Die **Dictatur**[31] schließlich war ein außerordentliches Notstandsamt mit umfassender Befugnis und in der Regel mit militärischer Funktion. Wenn eine Kriegssituation die Zusammenfassung aller Kräfte in der Hand eines starken Befehlshabers zu erfordern schien, konnte ein Konsul – in Absprache mit dem Senat – einen ‚Dictator zum Zwecke der Kriegführung' ernennen. Dieser verfügte dann für die Dauer der Bedrohung, längstens für sechs Monate, über eine unbeschränkte Kommando- und Zwangsgewalt, gegen die es keinen Einspruch gab. Der Dictator hatte auch keinen gleichberechtigten Kollegen; alle anderen Amtsträger waren für die Dauer der Dictatur suspendiert oder (später) weisungsgebunden. Man hat die Dictatur daher schon in der Antike ein ‚königliches' Amt genannt, ihre Inhaber ‚Monarchen'. Aber sie blieb immer strikt gebunden an den Willen der Nobilität und war in gewisser Weise eher eine kontrollierte Wiederbelebung der ältesten Obermagistratur zu Beginn der Republik. Damals wurde der oberste Prätor *(praetor maximus)* ebenfalls weder durch den Einspruch *(intercessio)* eines Kollegen oder Volkstribunen noch durch einen Appell an die Volksversammlung *(provocatio ad populum)* behindert – all diese Institute gab es im frühen 5. Jahrhundert v. Chr. noch nicht.

Das um 100 v. Chr. entstandene Porträt zeigt einen Römer, der seine Toga als Kapuze über den Kopf gezogen hat und sich so als Priester zu erkennen gibt. Anders als die häufig jugendlichen und idealisierenden griechischen Porträts gibt sich dieses durch die Alterszüge ‚realistischer'. Das heißt aber nicht, dass der Dargestellte wirklich so ausgesehen hat. Vielmehr enthält auch dieser Typ von Porträt eine Botschaft; es soll in derben und unmissverständlichen Zügen die Würde, Erfahrung und Autorität ausstrahlen, die der Person eigen ist.

31 Mit „c" geschrieben, um sie von der modernen Diktatur (unbeschränkte Gewaltherrschaft, meist auf Staatspartei und Militär gestützt) zu unterscheiden. Das ist eine häufige Erscheinung: Ein Begriff wird aus einem älteren Zusammenhang entnommen, bekommt aber eine neue Bedeutung. Ähnliches gilt für den Censor/Zensor. Nur Konsul schreibe ich ‚eingedeutscht', weil dieser Titel heute nur noch wenig gebraucht wird.

Auch die Kommunikation der Bürgergemeinde mit den Göttern durch Vorzeichendeutung, Opfer und Feste war Sache der Nobilität. Die verschiedenen **Priesterämter** wurden teilweise durch Wahl besetzt.

Die römische Nobilität achtete auf die **Überwachung** der Magistrate durch die Gesamtheit der regierenden Gruppe. Denn die Amtsträger, vor allem die Konsuln und die Provinzstatthalter, besaßen eine sehr starke, kaum eingeschränkte – auf dem militärischen Sektor sogar ganz unabhängige – Amtsgewalt, und die Nobilität hat daran nichts ändern können, weil die aristokratische Natur der Staatsordnung wegen des Fehlens einer Zentrale keine Alternative, etwa in Gestalt einer großen, in sich gegliederten Bürokratie mit vielen Ämtern, zuließ. Die beständigen Kriege um die Selbstbehauptung Roms und die spätere Ausdehnung hätten eine Schwächung zumal der militärischen Kommandogewalt auch gar nicht zugelassen. Die Überwachung der Amtsträger wurde vor allem durch die Einrichtung verschiedener Rechtskontrollen erreicht. Die Jährlichkeit des Amtes **(Annuität)** führte jeden Amtsträger schon nach einem Jahr wieder in das Kollektiv der Gesellschaft zurück und ermöglichte so unter Umständen Anklagen wegen Amtsmissbrauchs (der Amtsträger konnte während des Amtes nicht belangt werden); die Mehrstelligkeit jedes Amtes **(Kollegialität)** sorgte dafür, dass jede Eigenwilligkeit von Amtsträgern durch den Einspruch von Kollegen, die der Nobilität ergeben waren, lahm gelegt werden konnte. Das Verbot der Anhäufung von Ämtern **(Kumulation)** verhinderte zudem die gleichzeitige Bekleidung mehrerer Ämter und damit jede Machtkonzentration. Ebenfalls grundsätzlich nicht vorgesehen war eine **Kontinuation**, also das Bekleiden eines Amtes mehrere Jahre hintereinander. Grundsätzlich ausgeschlossen war das aber nicht, wie man an Marius sehen kann, der für 104 bis 100 v. Chr. fünfmal hintereinander zum Konsul gewählt wurde. Doch das war eine Ausnahme; die Römer fühlten sich in diesen Jahren durch wandernde Germanen (Kimbern und Teutonen) schwer bedroht. Andere Versuche, durch Kontinuation die eigene politische Wirksamkeit zu verlängern oder einer Anklage zu entgehen, führten zu heftigem Widerstand und endeten im blutigen Tumult (Tiberius Gracchus, 133 v. Chr.) oder sogar im Bürgerkrieg (Caesar, 49 v. Chr.).

Ferner wurde erwartet, dass der Amtsträger vor allen wichtigen staatlichen Handlungen einen Rat von Vornehmen anhörte, in dem selbstverständlich vor allem Nobiles saßen. So stand er auch während seiner Amtszeit immer unter Kontrolle der ganzen regierenden Schicht und vergaß selbst in höchster Position niemals, dass er seine Amtsgewalt nicht aufgrund eigenen Rechts besaß, sondern lediglich ein Beauftragter der Nobilität auf Zeit war. Wer das anders sah, musste gute Nerven und starke Unterstützung haben.

Die Rolle des Volkes

Das Volk hatte am politischen Regiment durch die Abstimmungen in den Volksversammlungen Anteil, wo Gesetze beschlossen, aktuelle politische Fragen – wie Krieg und Verträge – entschieden, wo die Magistrate gewählt und politische Verbrechen abgeurteilt wurden. Allerdings war ihre Rolle eine passive; sie konnten lediglich über die Vorschläge der die Versammlung einberufenden und leitenden Magistrate abstimmen, nicht von sich aus Anträge einbringen oder die von den Magistraten eingebrachten abändern, wie das in der athenischen Demokratie selbstverständlich war. Doch die Versammlungen sicherten die **Öffentlichkeit** aller Politik: Mochte das tatsächliche Gewicht des Volkes für die politische Entscheidung auch noch so gering sein, garantierten die Volksversammlungen allein durch ihre Existenz, dass alle wichtigen Entscheidungen in der Öffentlichkeit des ganzen Volkes diskutiert, nämlich von den aristokratischen Amtsträgern dem Volk vorgestellt, begründet und gegebenenfalls verteidigt wurden. Außerdem bestimmte das Volk durch die Wahlen der Amtsträger, welche Nobiles in der **Ämterlaufbahn** aufstiegen und welche zurückblieben. Da es immer mehr Kandidaten als zu besetzende Stellen gab und nur zwei Männer pro Jahr das höchste Amt erreichen konnten, war der **Wettbewerb** scharf und die Bewerber mussten sich beliebt machen: durch Leistung, großzügige Veranstaltungen und Verzicht auf jede Form von Überheblichkeit. Auch nach der völligen Verkümmerung der Volksversammlungen, die in der späteren Republik nur noch von einem keineswegs repräsentativen Bruchteil der römischen Bürger ganz Italiens besucht werden konnten, ist die Verfassung doch niemals so weit verändert worden, dass das Volk als eine die politische Ordnung bestimmende Größe unwesentlich geworden oder gar beseitigt worden wäre. Aufgrund des sozialen Gefüges zwischen oben und unten (Klientel, vgl. S. 68) und der in der Zeit des Aufstiegs Roms gemeinsam erbrachten Leistungen war das Volk im Bewusstsein aller ein unverzichtbarer Teil der politischen Ordnung, und gerade auch die Nobilität schöpfte die Legitimation ihrer herausgehobenen Stellung aus einer von allen anerkannten, lebendigen Autorität, die als solche gerade nicht die Untertänigkeit, sondern die **Freiheit** eines jeden Römers voraussetzte. Die politische Freiheit schloss alle Bürger ein, verband sich aber – anders als in Griechenland – nicht mit einem demokratischen Gedanken der prinzipiellen Gleichheit aller Bürger. So war die Wahlversammlung einmal im Jahr auch ein großes ‚Event', das den Teilnehmern das Gefühl vermittelte, ein wichtiger Teil der größten Macht der damaligen Welt zu sein. Es ging weniger um die Entscheidung als um die Demonstration gleichermaßen von Macht und von Konsens.

Einen wesentlichen Anteil am politischen Geschehen hatte der Bürger ferner durch den Dienst im Heer. Das **römische Heer** ist bis in die Zeit Caesars im Wesentlichen ein Milizheer geblieben, d. h., Soldat zu sein war kein Beruf. Der sich selbst ausrüstende Römer wurde nach Bedarf einberufen und erhielt für den Feldzug eine gewisse finanzielle Entschädigung (Wehrsold), ferner einen Anteil an der beweglichen Beute oder, bei Gründung von Siedlungen auf dem eroberten Gebiet (Kolonien), ein Stück Land.

Die Anfälligkeit der Nobilitätsherrschaft

Wie gezeigt, bildete die römische Nobilität faktisch die Regierung des Staates.[32] Eine von einer größeren Gruppe selbstständiger Persönlichkeiten – in diesem Falle etwa 300 Männer – ausgeübte Führung kann freilich nur dann funktionieren, wenn die Führungsgruppe eine gewisse Einheitlichkeit aufweist. Das heißt nicht, dass es in einzelnen Sachfragen nicht heftige Auseinandersetzungen geben kann, auch nicht, dass alle gleich sind.
Homogen heißt:

- alle Mitglieder der Gruppe haben ungefähr die gleichen Wertvorstellungen und Ziele,
- alle Mitglieder der Gruppe haben prinzipiell die gleiche Chance, ihren Rang zu steigern,
- kein Mitglied der Gruppe ist wesentlich reicher als die anderen,
- kein Mitglied der Gruppe kann wesentlich mehr Menschen mobilisieren und somit Einfluss ausüben (etwa als Patron mittels seiner Klienten).

Trotz der deutlichen **Rangunterschiede** zwischen hoch angesehenen Konsularen und jüngeren Senatoren, ‚Fußvolk' *(pedarii),* die sich in der Regel einem der prominenten Senatsmitglieder anschlossen, war die ganze Führungsschicht – wie jeder Adel – doch von einem **Ideal der Gleichheit und Verbundenheit** bestimmt. Wer dagegen der Nobilität als Einzelner gegenübertrat, wurde verdächtigt, im schlimmsten Fall alle Machtmittel auf sich vereinen und Monarch sein zu wollen (vgl. S. 73).

Den wesentlichen Grundzug des Adels bildet andererseits die **Konkurrenz** der Adligen untereinander. So auch in Rom. Vor allem der Krieg war es, worin

32 Dieser Abschnitt versucht eine etwas anspruchsvollere Begründung der Leistungsfähigkeit wie der Gefährdung der republikanischen Verfassung Roms zu geben. Versuchen Sie bitte, den Gedankengang als solchen nachzuvollziehen, auch wenn Ihnen die Namen und Faktenzusammenhänge nicht vertraut sind. Diese werden in den beiden nächsten Kapiteln nachgeliefert. Wenn Sie sich anders sicherer fühlen, können Sie auch die beiden nächsten Abschnitte zuerst lesen.

die römischen Aristokraten miteinander wetteiferten; ihre Ethik war die von Kriegern. Eine Gestalt wie Iulius Caesar (100–44 v. Chr.) und sein bewusst vom Zaun gebrochener Eroberungskrieg gegen Gallien ist nur in diesem Zusammenhang zu verstehen. Es herrschte eine ausgesprochene Wettbewerbsethik.

Beide Prinzipien stehen in einem leicht erkennbaren Gegensatz: eine Gruppe bleibt nur stabil durch ungefähre Gleichheit ihrer Mitglieder, doch jedes Gruppenmitglied versucht, seine Konkurrenten auszustechen. Man kann sagen: Solange die Römer diesen Gegensatz zu einem fruchtbaren Ausgleich brachten, funktionierte die republikanische Ordnung. Als dies nicht mehr gelang, als vor allem die Nobilität ihre inneren Auseinandersetzungen nicht mehr beilegen konnte, zerbrach sie. Der fruchtbare Ausgleich bestand zunächst darin, dass der Wettbewerb um Ansehen und Ämter streng reglementiert war: Allein die siegreiche Führung eines römischen Bürgerheeres führte zum Erfolg. Rein ‚zivile' Karrieren waren demgegenüber selten.

In knappster Form verdichtete sich der von allen geteilte Wertekatalog in den Grabinschriften für prominente Vertreter der Nobilität. Die Grabinschrift rühmt den Konsul von 298 v. Chr.: „Lucius Cornelius Scipio Barbatus, Sohn des Vaters Gnaeus, ein tapferer und kluger Mann, dessen Aussehen seiner Tugend gleichkam. Er war Konsul, Censor und Ädil bei euch. Taurasia und Cisauna nahm er ein, unterwarf auch ganz Lukanien und führte Geiseln weg!" Der Text verdeutlicht sehr schön die große Bedeutung militärischer Erfolge. Der Rang eines römischen Nobilis spiegelte sich vor allem im Ansehen, das er unter seinen Standesgenossen und im ganzen Volk („bei euch") genoss. Er war in hohem Maße eine öffentliche Person und ein politischer Mensch. Die Einheit von äußerer Wohlgestalt und innerer Größe war ein altes aristokratisches Ideal. Wohlstand – hier nicht genannt, aber in anderen Texten angeführt – war die stillschweigende Voraussetzung für die Bekleidung der unbesoldeten Ämter und die Repräsentationspflichten.

Die Aristokraten standen im Wettbewerb, aber dieser Wettbewerb richtete sich auf *ein* Ziel: die offensive Selbstbehauptung Roms. „Streitigkeiten, Zerwürfnisse, Rivalitäten pflegten sie mit den äußeren Feinden auszutragen, untereinander wetteiferten die Bürger um die Vortrefflichkeit“: Diese Gegenüberstellung aus der Feder des römischen Geschichtsschreibers Sallust[33] (85–34 v. Chr.) ist zwar zugespitzt und idealisiert die ‚gute alte Zeit‘ in unzulässiger Weise, trifft aber den Sachverhalt genau. Es gab in der Tat lange Zeit nur *ein* entscheidendes Handlungsfeld, den Krieg, *einen* weitgehend unumstrittenen Wertekatalog, *ein* die Politik lenkendes Gremium (den Senat). Das sicherte der römischen Außenpolitik eine gewisse Stetigkeit. Wenn es aber darum ging, eine Entscheidung über Krieg oder Frieden zu treffen, so neigten die Römer meist zum Krieg, weil er für die Feldherren Ruhm und Beute versprach und dazu noch meist die materiellen Bedürfnisse der Soldaten erfüllte.

Natürlich war es nicht allein die kriegerische Wettbewerbsethik, welche den erstaunlichen militärischen und politischen **Aufstieg** der Römer ermöglichte. Tatsache bleibt aber, dass die Römer damit Erfolg hatten. Als 146 v. Chr. Roms Rivalin Karthago zerstört dalag und auch in Griechenland jeder Widerstand gewaltsam erstickt worden war, beherrschte Rom beinahe die ganze damalige Welt. Doch die Weltherrschaft veränderte das politische Gleichgewicht innerhalb der Nobilität, zerstörte es schließlich. Man muss also, so seltsam es klingt, gerade in den Auswirkungen des römischen Erfolges in Gestalt der Weltherrschaft die Ursache für das Zerbrechen der republikanischen Ordnung sehen. Dabei sind – folgende Faktoren und Entwicklungen zu nennen:

- Ungeheurer Reichtum strömte nach Rom, vergrößerte die Besitzunterschiede und suchte nach Anlagen in Grundbesitz; dadurch wuchs der Druck auf die kleineren Bauern, die mit den Investitionen in die Verbesserung der Produktion nicht mithalten konnten.
- Der Einfluss der griechischen Kultur (Hellenisierung) vermehrte die Felder der Konkurrenz. Die kunstmäßige Rede **(Rhetorik)** etwa höhlte angestammte Gehorsamsverhältnisse aus – es zählte nicht mehr so sehr die soziale Autorität eines Sprechers, sondern eher, was er sagte und wie überzeugend er das tat. Das untergrub die Berechenbarkeit der politischen Verhältnisse und widersprach dem *mos maiorum.*
- Besitzlos gewordene Bauern strömten nach Rom und vergrößerten dort das städtische **Proletariat** (Proletarier: Leute, die außer ihren Kindern – *proles* – nichts mehr besaßen). Die Proletarier waren für Geschenke und Versprechungen leicht zu gewinnen. Ihrer Not mit staatlichen Maßnahmen zu be-

33 Die Verschwörung des Catilina, 9,2.

gegnen (durch Zuweisung von Bauernstellen, Koloniegründungen und Verteilung von kostenlosem Getreide) eröffnete ein neues Handlungsfeld für ehrgeizige Aristokraten.

- Eine solche ‚volksfreundliche' Politik wurde vom Senat bekämpft, nicht weil die Senatoren das Volk hungern lassen wollten, sondern weil sie die aus der Popularität erwachsene Macht eines Standesgenossen fürchteten. Als Reaktion auf diesen Widerstand ergab sich eine neue, gefährliche Möglichkeit: der gewählte Amtsträger, vornehmlich der Volkstribun, später auch der Konsul, machte **Politik am Senat vorbei**, ja gegen ihn. Der Senat war damit zugleich fortan nicht mehr die alleinige Mitte der Politik, sondern nur noch ein Teil von ihr, *pars,* Partei.
- In einem zunehmend polarisierten politischen Feld trug die institutionelle Ordnung nicht zur Befriedung und Entspannung bei, ganz im Gegenteil. Im Volkstribunat und später im Obermagistrat mit dem machtvollen *imperium* lagen starke und selbstbewusste Institutionen bereit, die wirtschaftliche und soziale Interessen politisch bündeln konnten und so den Weg bereiteten zu einer **Homogenisierung von Teilinteressen** – auch, aber nicht nur der Unterprivilegierten. Erst jetzt kam es ‚horizontal' zur **Formierung von Gruppen**, welche die angestammte, im Klientelwesen verfestigte polyzentrisch-personale, vertikale und schichtenübergreifende Integration überlagerte und sprengte. Die Gruppen und ihre ‚Mobilisierer' waren in der zeitlichen Reihenfolge: das ländliche Proletariat (Tiberius Gracchus), die Grundbesitzer (Senat), die Bundesgenossen (Marcus Fulvius Flaccus, Gaius Gracchus, Marcus Livius Drusus), das städtische Proletariat und die Ritter (Gaius Gracchus, Marcus Livius Drusus) und die Soldaten (Gaius Marius, Lucius Cornelius Sulla).
- Damit entstanden **neue Machtzentren und politische Optionen**, von denen sich der Feldherr mit Imperium, der sich auf ein loyales Heer stützte und seine Handlungsfreiheit im politischen Apparat der Hauptstadt abzusichern wusste, als die am Ende erfolgreichste erweisen sollte.
- Indem der Senat die verschiedenen Initiativen einzelner Politiker immer nur blockierte – auch solche, die sinnvoll und heilsam waren –, schob er sich selbst aus dem Zentrum des staatlichen Lebens an den Rand. In anderen Fällen schlug er gewalttätig um sich und nahm für sich ein **Notstandsrecht** in Anspruch, welches nichts anderes als staatlich sanktionierte Terrorgewalt war. Am Ende hatte der Senat seine **Legitimität**[34] weitgehend verloren; die

34 **Legitimität** meint (vereinfacht gesagt) die ‚Rechtmäßigkeit' einer politischen Ordnung; sie bedeutet sowohl die tatsächliche Anerkennung der Ordnung als einer angemessenen durch die Beteiligten (Unter-

Bürger sahen seine Entscheidungen und Handlungen nicht mehr als verbindlich an, sie gehorchten der Aristokratie nicht mehr.

- Durch das Appellieren an die Interessen des Volkes (*populus*, daher ‚populare Politik') gelang es besonders ehrgeizigen Aristokraten bald, sich vom Volk mit umfassenden Vollmachten zur Bewältigung tatsächlicher oder vorgeschobener Bedrohungen durch äußere Feinde ausstatten zu lassen. Männer wie **Pompeius** oder **Caesar** konnten so auf Jahre mit riesigen Heeren im Osten oder in Gallien schalten und walten, Eroberungs- und Ausrottungskriege führen, ihre Taschen mit Beute füllen, mit Dankfesten und Triumphzügen das römische Volk beeindrucken. Wenn Römer je eine ‚imperialistische' Politik betrieben, dann diese hohen Herren in der späten Republik. Ihre Armeen waren stärker ihnen verpflichtet als dem Staat. Sie stellten Machtinstrumente im innenpolitischen Kampf dar. Schließlich hing der ganze Staat nur noch vom Willen weniger Militärmachthaber ab. Einigten sie sich, so kontrollierten sie den Staat (so im sog. 1. Triumvirat zwischen Pompeius, Crassus und Caesar ab 60 v. Chr.), überwarfen sie sich, so herrschte Bürgerkrieg (so zwischen Pompeius und Caesar ab 49 v. Chr.). Am Ende stand die Dictatur (vgl. dazu Fußnote 31) des ehrgeizigsten und skrupellosesten unter ihnen, der ab 27 v. Chr. als **Princeps Augustus** in Rom eine neue **monarchische Ordnung** etablierte.

Zu welchem Zeitpunkt das politische System zu ‚kippen' begann, ist gar nicht leicht zu sagen. Der Gesamtprozess stellte sich – trotz aller Versuche, durch institutionelle Maßnahmen die Stabilität zurückzugewinnen – als eine dialektische Eskalation dar, die vor allem durch wachsende Bereitschaft zur **Gewaltanwendung** gekennzeichnet war. Der erste Politiker, der seine Gesetzesanträge gegen den Willen der Mehrheit im Senat durchbringen wollte, war der Volkstribun **Tiberius Gracchus** im Jahre 133 v. Chr. Er sah sich schließlich selbst zum Brechen der politischen Spielregeln genötigt und wurde im Tumult von einer Gruppe von Senatoren erschlagen, die ihm den Griff nach der Königskrone vorwarfen. Damit war die Gewalt in den so lange befriedeten Binnenraum der römischen Politik eingebrochen. Die Tötung des Tiberius Gracchus und seiner Anhänger markierte in dieser Hinsicht eine neue Qualität. Sie sollte in den folgenden Generationen durch die Exzesse des staatlich legalisierten Massenmordes im Interesse einzelner Machthaber in den sog. **Proskriptionen**

tanen, Bürger usw.) als auch die normativ festgelegte Anerkennungswürdigkeit auf der Grundlage allgemein verbindlicher Prinzipien (Sendung durch Gott; Einsetzung durch akzeptierte Verfahren wie etwa Wahlen; Besitz rechtlicher Befugnisse; Begrenzung der Machtbefugnisse durch Gesetze o. ä.). Legitimität macht Herrschaft verbindlich und lässt sie durch Konsens und Akzeptanz, ohne übergroßen Zwangsapparat funktionieren.

sowie in noch weit höherem Maße in Phasen des Bürgerkrieges weit übertroffen werden.

Zwar wurde die Gewalt als Mittel der Politik nur zeitweise eingesetzt. Das strukturelle Problem der stadtrömischen Politik bestand aber zunehmend darin, dass das Aufeinanderprallen von Ansprüchen und Interessen durch die in der Tradition verankerten Regeln und Normen immer weniger aufgefangen und vorab entschärft werden konnte. Stattdessen siegte nun einfach die stärkere Seite, weil es auch keine Instanz gab, die eine Entscheidung mit Aussicht auf allseitige Billigung treffen konnte. Solche Konflikte hatte es zwar vor 133 v. Chr. auch schon gegeben, doch waren sie seltener gewesen und v. a. nicht so ausweglos wie jetzt. Oft waren sie auch gar nicht zum Austrag gekommen – schon gar nicht gewaltsam –, sondern in einem früheren Stadium informell geklärt worden. Es war eben nicht üblich gewesen, etwa die Befugnisse des Volkstribunates, die bei ausschöpfender Anwendung jedes staatliche Handeln lahmlegen konnten, auch tatsächlich auszunutzen. Sie waren vielmehr nach den Regeln der Verhältnismäßigkeit und v. a. dem Vorbild der Vorfahren angewandt worden. Den großen Spielräumen bei der Anwendung der Regeln hatte die Flexibilität der beteiligten Personen entsprochen. Letztlich war es der **Senat** gewesen, der über die Interpretation der Kompetenzen entschied. Er hatte seinerzeit die übergeordnete Instanz gebildet; seiner geballten Autorität konnte sich ein kleiner Volkstribun, selbst ein Konsul – bei aller formalen Unabhängigkeit – kaum entziehen. Ständige Gesprächskontakte und Absprachen regelten im alltäglichen Verkehr die Dinge im Sinne der Mehrheit des Standes; der Tribun wurde veranlasst, sich zu mäßigen oder – umgekehrt – gegen einen allzu eigensinnigen Amtsträger im Interesse des Senats einzuschreiten. Denn er musste ja an seine weitere Karriere denken und daran, dass er dem Senat nur für kurze Zeit gegenüberstand, um nach Ende seiner Amtszeit in ihn zurückzukehren. Eine alternative Karrieremöglichkeit existierte nicht, weil es nur *eine* politische Klasse gab. Vor allem die ‚Aufsteiger' *(homines novi)* sahen sich zur (Über-)Anpassung an die Regeln und Traditionen veranlasst, während die ‚Aufrührer' meist aus der höchsten Rangklasse der Nobilität stammten.

Noch ein anderer Umstand macht den Niedergang der Römischen Republik, der hauptsächlich in der zunehmenden **Auflösung der Nobilität** und des von ihr getragenen Gefüges aus Regeln und Interessenausgleich bestand, im Rückblick so spannend. Die Aristokratie musste den selbstbezogenen Führerfiguren wie Sulla, Pompeius oder Caesar auch deshalb rat- und hilflos gegenüberstehen, weil diese in ihren Kriegszügen und Wahlkämpfen die Ziele und den politischen Verhaltenskodex der herrschenden Schicht nicht etwa verletzten, sondern ‚übererfüllten'. Konnte man Caesar, den Eroberer Galliens, für seine atemberaubenden Erfolge tadeln? Niemand dachte daran. Die ‚großen Männer' taten das, was alle immer schon getan oder zumindest zu tun versucht hatten, aber in einem Maße und mit einem Erfolg, die das System sprengten. Denn ihre Mittel und Möglichkeiten waren wegen der enormen Ausdehnung des Römischen Reiches gegenüber früheren Zeiten geradezu explodiert, und Militärkommanden von der Größe, wie sie Pompeius und Caesar sich beschafften, waren nicht mehr ‚zurückzuholen', zumal sie ja auch lange Zeiten der Abwesenheit von Rom und damit der Entfremdung vom politischen Betrieb bedeuteten. Das ist besonders deutlich bei Caesar, der sich in Gallien angewöhnt hatte, eher in den Gleisen von Befehl und Gehorsam zu denken.

Aber *prinzipiell,* so könnte man zugespitzt sagen, begann die Krise der römischen Aristokratie mit ihrer Entstehung. Die Wettbewerbsethik und die Geschlossenheit des Standes hatten *immer* in einem **Spannungsverhältnis** gestanden. Unübersehbar waren die Kosten dieser überschießenden, für die römische Aristokratie geradezu grundlegenden Rivalität, die sich ganz einseitig auf die Gewinnung von Kriegsruhm konzentrierte. Der gesteigerte Wettbewerb führte auch sonst zu einer Verwilderung der politischen Sitten; wer nicht siegte, wer nicht Konsul wurde, lief Gefahr, alles zu verlieren. Das musste geradezu politische Glücksspieler produzieren; ein Mann wie Catilina (sog. Catilinarische Verschwörung, 63 v. Chr.) kann als Symptom gesehen werden. Zum Legitimitätsverlust der angestammten Politik trugen auch manche Folgen des Einströmens griechischer Kultur und griechischen Gedankengutes (Hellenisierung) auf die römische Oberschicht bei. Luxusgenuss und Flucht aus der Verantwortung ersetzten bei nicht wenigen Senatoren die vorher fraglose Orientierung am Gemeinwohl; Sallusts bitterer Hinweis auf die Villen und Fischteiche mancher hoher Herren traf die Sache im Kern.

Diese Zusammenhänge werden hier etwas ausführlicher erläutert, weil sie lehrreich sind. Keine Gesellschaft und kein politisches System kommt ohne Regeln und Normen aus, die für alle gelten und an die sich alle halten, ohne dass dies ständig kontrolliert wird. Zu einem allgegenwärtigen und allmächtigen Staat fehlten in der Antike alle Möglichkeiten, und auch wir wollen ihn heute ganz entschieden nicht. Wenn aber diese Normen nicht mehr von allen beachtet werden und die Regelverletzung zugleich durch Erfolg, den alle eigentlich erstreben, offensichtlich belohnt wird, dann gerät das Normensystem ins Wanken, die Dämme brechen, das Gemeinwesen löst sich auf.

Die Erfolgsgeschichte der Nobilität: Roms Aufstieg zur Weltherrschaft

Die Unterwerfung Italiens

Nach dem Ende der Königszeit hatte Rom zunächst seine Vorherrschaft über die Städte Latiums gegen Abtrünnige sowie gegen umliegende Bergvölker zu verteidigen. In einem zähen Ringen erweiterten die Römer schrittweise ihr Herrschaftsgebiet, bis es 270 v. Chr. schließlich ganz Italien (außer der Po-Ebene) umfasste. Für einen immer mehr expandierenden Staat wie den römischen kam es dabei vor allem darauf an, dass ihm aus den unterworfenen Gebieten zumindest langfristig neue Kräfte zuwuchsen, da ein dauerndes Besatzungs- und Unterdrückungssystem keinen Bestand gehabt hätte. In der italischen Phase ihrer Expansion entwickelten die Römer daher ein wirksames Instrumentarium, das zum einen in der Erweiterung des eigenen Bürgergebietes, zum anderen aber auch in der Bindung der übrigen Gemeinden an Rom durch unbefristete Bündnisverträge bestand. So entstand ein **Bundesgenossen- und Herrschaftssystem**, das sich in den künftigen Auseinandersetzungen, vor allem auch in den Kriegen gegen Pyrrhos (282–272 v. Chr.) und Hannibal (218–201 v. Chr.) als sehr stabil erweisen sollte und den Römern letztlich den Sieg sicherte – auch deshalb, weil sie selbst nach verheerenden Niederlagen wie der Schlacht von **Cannae** (216 v. Chr.), als etwa 50 000 Legionäre umkamen, immer wieder neue Truppen mobilisieren konnten, was den Gegnern auch dann nicht möglich war, wenn sie in einzelnen Schlachten siegten.[35]

Während der langwierigen Kriege gegen die **Samniten** in Unteritalien (343–290, mit Unterbrechungen) war es nötig, den von Rom ein gutes Stück entfernten Feind dauerhaft bedrohen zu können. Daher siedelte man waffenfähige Bürger an strategisch wichtigen Punkten in **Kolonien** an. Diese waren formal selbstständige, jedoch eng an Rom gebundene Stadtstaaten. Weil diese Kolonien auf dem Land errichtet wurden, welches man den Besiegten weggenommen hatte, mussten sie sich voll und ganz auf Rom hin orientieren und unbedingte Loyalität zeigen, denn nur aus Rom hatten sie im Fall eines Angriffs Hilfe zu erwarten. Außerdem hatten schon die früheren Kolonien für Rom eine sozialpolitische Ventilfunktion gehabt: Der Mangel an Ackerland, der sich aus der Bevölkerungszunahme und der Art der Bewirtschaftung ergab

35 Das ist der Sinn der Redewendung vom „Pyrrhussieg“: ein Sieg, der aber den eigenen Kräften verheerenden und nicht auszugleichenden Schaden zufügt.

und der insbesondere in der Zeit der sog. Ständekämpfe (vgl. S. 68) immer wieder zu sozialen Konflikten geführt hatte, konnte durch die Errichtung von Kolonien oder durch die Verteilung von Land an einzelne Bürger behoben werden.

Das römische Bundesgenossen- und Herrschaftssystem zeichnete sich vor allem durch seine differenzierte Konstruktion aus. In Italien gab es von Rom aus gesehen drei Gruppen:

Römer (cives Romani)	• auf römischem Gebiet *(ager Romanus)* im engeren Sinn • in vormals selbstständigen, jetzt in den römischen Staatsverband einbezogenen Gemeinden mit lokaler Selbstverwaltung *(municipia)* • in neu gegründeten römischen Bürgerkolonien *(coloniae civium Romanorum)*
Latiner (nomen Latinum)	• in selbstständig gebliebenen Städten des alten, 338 v. Chr. aufgelösten Latinerbundes • in Kolonien latinischen Rechts mit bestimmten Sonderrechten
Bundesgenossen (socii)	• besiegte oder zum Anschluss bereite Städte oder Stämme, die mit Rom ein zweiseitiges Militärbündnis *(foedus)* geschlossen hatten.

Die **Bundesgenossen** stellten keine einheitliche Masse dar, sondern hatten durch die unterschiedlichen Grade von Bindung und Verpflichtung gegenüber Rom über lange Zeit keine einheitlichen Interessen und bildeten keine Koalition. Sie waren nur anfangs Opfer der römischen Herrschaft, während sich später Loyalität gegenüber Rom für sie in Gestalt von Beuteanteilen auszahlte. Durch die Rechtsfigur der latinischen Kolonie gab es die Möglichkeit, dass Bürger von verbündeten Städten das römische Bürgerrecht erlangten und so noch stärker am Herrschaftsverband teilhatten. Die Römer beließen den Bundesgenossen ihre Selbstregierung für die meisten Bereiche der Politik; der Souveränitätsverlust in der Außenpolitik[36] ließ sich so leichter verschmerzen, und Rom brauchte keinen großen Herrschaftsapparat (mit Statthaltern o. Ä.) aufzubauen – was die Möglichkeiten der herrschenden Nobilität auch weit überstiegen hätte (vgl. S. 70–74).

36 Souveränität ist die letzte, nicht abgeleitete Herrschafts- und Staatsgewalt, die nicht dem Willen und Entscheiden einer anderen Macht unterworfen ist.

Erst im Laufe der Zeit veränderte sich die Einstellung der Bundesgenossen. Anfangs war die Beibehaltung des eigenen Bürgerrechts und der eigenen Staatlichkeit für sie ein Vorteil gewesen. Je mehr sie aber in den italischen Herrschaftsverband hineinwuchsen, römische Lebensformen übernahmen (Sprache, Baustile, Religion usw.) und im Ausland einheitlich als ‚Römer' wahrgenommen wurden, desto mehr widersprach dieses faktische Römer-Sein dem zurückgesetzten Rechtsstatus und den daraus erwachsenden Benachteiligungen im Heer und bei der Verteilung von Beute und Land. Die Unzufriedenheit fand ihren Höhepunkt im **Bundesgenossenkrieg** (91–89 v. Chr.), in dessen Folge ganz Italien römisches Bürgergebiet wurde.

Der militärischen Beherrschung und politischen Durchdringung Italiens diente auch der Ausbau der Infrastruktur. Die **Fernstraßen**, deren erste Appius Claudius Caecus um 300 v. Chr. bauen ließ (daher Via Appia), verbanden das römische Kerngebiet in Latium mit den neu gewonnenen Territorien in der Po-Ebene, in Samnium und im Süden der Halbinsel. Auf diese Weise konnten Truppen zur Unterstützung bedrängter Kolonien rasch herangeführt werden; die Straßen waren auch ein Symbol des römischen Herrschaftswillens in Italien.

Reste der beiden römischen Säulen am Ende der Via Appia. Diese führte zu dem um 240 v. Chr. entstandenen Hafen von Brundisium im Osten des antiken Kalabrien. Von Brundisium aus gelangte man per Schiff nach Griechenland.

Die Eroberung der Mittelmeerwelt

Die römische Herrschaft breitete sich ab der Mitte des 3. Jahrhunderts v. Chr. schrittweise über die ganze Mittelmeerwelt aus. Dem lag freilich kein Eroberungsplan zugrunde. Vielmehr wurde Rom nicht selten durch einen seiner Bundesgenossen in Konflikte mit dritten Staaten hineingezogen, wich diesen dann aber auch nicht aus, sondern kämpfte sie durch. Schließlich winkten ja Beute und kriegerischer Ruhm, der seinen sinnfälligsten Ausdruck im Triumphzug fand.

Der Triumphzug als Symbol und Triebkraft römischer Sieghaftigkeit

Ein **Triumphzug** fand statt, wenn ein siegreicher Feldherr mit eigenem Kommando *(imperium)* von seinen Soldaten zum *imperator* ausgerufen worden war und der Senat ihm einen Triumphzug genehmigt hatte. In ihm verbanden sich politische und religiöse Dimensionen aufs Engste. Der Zug stellte sich auf dem Marsfeld auf; er bestand aus Vertretern aller am Feldzug beteiligten Truppenteile in ‚Paradeuniform', die gemalte Bilder von siegreichen Schlachten oder der Eroberung von Städten mit sich führten, dem Senat bzw. einer Abordnung von Senatoren, Liktoren (Amtsdienern) mit den *fasces* (Rutenbündel mit Beilen als Amtsinsignien), Musikern, Priestern, weißen Opferstieren und Wagen, auf denen prunkvolle Beutestücke und vornehme Gefangene ausgestellt wurden. Der mit einem Purpurgewand bekleidete Feldherr selbst stand auf einem vierspännigen Wagen, das Gesicht mit roter Mennige bemalt, mit Lorbeer bekränzt, für die Stunden des Triumphes fast ein Abbild des höchsten römischen Gottes, des **Iuppiter Optimus Maximus**. Der Zug führte unter dem Jubel der Bevölkerung auf der Via Sacra über das Forum Romanum hinauf zum **Kapitol**, wo der Triumphator dem Iuppiter ein Opfer darbrachte, um ihm zu danken und das Heer rituell zu entsühnen, worauf sich der Triumphzug in ein großes Fest auflöste, das Heer und Bürger gemeinsam feierten.

Der Triumph bildete – neben dem Konsulat – das höchste Ziel eines jeden römischen Nobilis. Er demonstrierte die Sieghaftigkeit Roms, den Nutzen, der aus der Herrschaft erwuchs, den Zusammenhalt zwischen Führungsschicht und Volk, und er spornte den ‚Nachwuchs' dazu an, sich mit womöglich noch größeren Siegen in die Galerie der großen Triumphatoren einzufügen. Denkmäler und Bauten, die mit Beutegeldern errichtet wurden, machten die Erinnerung an den Triumph dauerhaft. – In der Kaiserzeit triumphierte nur noch der einzige Herr über das Militär, der Kaiser, auch wenn er den Sieg gar nicht in eigener Person errungen hatte (was die Regel war).

Kriegsanlässe und Kriegsverläufe – ein Überblick

Wie schon angedeutet, ließen sich die Römer nicht selten durch Auseinandersetzungen, an denen eigene Verbündete beteiligt waren, in einen Krieg verwickeln. So führte das Eingreifen in den Konflikt zweier Griechenstädte auf **Sizilien** zu Auseinandersetzungen mit der nordafrikanischen Stadt **Karthago**, die im westlichen Mittelmeerraum den Seehandel kontrollierte und Stützpunkte auf der Insel hatte. Im Verlauf der drei **Punischen Kriege** (264–241 v. Chr., 218–201 v. Chr., 149–146 v. Chr.) stieg Rom zur bestimmenden Macht im westlichen Mittelmeer auf. 241 v. Chr. wurde **Sizilien**, wenig später **Sardinien** und **Korsika** gewonnen. 222 v. Chr. eroberten die Römer das bis dahin noch keltische **Oberitalien**, 219 v. Chr. die Küste **Illyriens**. Der Siegeszug des karthagischen Feldherren **Hannibal** zu Anfang des 2. Punischen Kriegs bis nach Süditalien brachte Rom an den Rand einer völligen Niederlage; aber große Anstrengungen und geschickte Kriegführung brachten schließlich den Sieg. 201 v. Chr. musste Karthago auch **Spanien** abtreten, wo es freilich noch fast zwei Jahrhunderte dauerte, bis die Römer den letzten Widerstand von Einheimischen brechen konnten. Ein Hilfsgesuch der griechischen Staaten Pergamon, Rhodos und Athen gegen König **Philipp V.** von Makedonien, der schon 215–205 v. Chr. im Bund mit Karthago gegen die Römer gekämpft hatte (1. Makedonischer Krieg), gab den Anlass zum **2. Makedonischen Krieg** (200–197 v. Chr.). In der Schlacht bei Kynoskephalai in Thessalien besiegt, verzichtete Philipp auf die Herrschaft über Griechenland. 196 v. Chr. wurden die griechischen Staaten von Rom für unabhängig erklärt. Im **Syrischen Krieg** (192–189 v. Chr.) versuchte **Antiochos III.** von Syrien, Griechenland zu erobern und sein Herrschaftsgebiet auszudehnen, wurde jedoch in zwei Schlachten 191 und 189 v. Chr. von den Römern geschlagen und musste Gebiete in Kleinasien an Roms Verbündete Pergamon und Rhodos abtreten. Nach dem 3. Makedonischen Krieg (171–168 v. Chr.) wurde Makedonien in vier selbstständige Gebiete aufgelöst und 148 v. Chr. dann römische Provinz. In Spanien führten die Aufstände der Keltiberer (154–133 v. Chr.) zu zahlreichen römischen Niederlagen, die erst mit der Eroberung der Stadt **Numantia** durch den jüngeren Scipio (vorläufig) endeten. 146 v. Chr. wurde **Karthago** zerstört und sein Hinterland zur **Provinz Africa** gemacht. Gleichzeitig wurden eine Erhebung in Griechenland niedergeschlagen und das Gebiet nach der Zerstörung der Stadt **Korinth** 146 v. Chr. zur Provinz Achaia gemacht. Der letzte König von **Pergamon** vermachte 133 v. Chr. testamentarisch sein Reich den Römern, in Resignation über den völligen Verlust seiner außenpolitischen Bewegungsfreiheit. Diese gewannen damit die Provinz **Asia** in Kleinasien (heutige Türkei). Rom beherrschte damit den gesamten Mittelmeerraum. Der nächste große Eroberungsschub kam in der Zeit von **Iulius Caesar** und **Augustus**: Ab 58 v. Chr. wurden z. T. ganz neue Gebiete unterworfen und als Provinzen der direkten römischen Herrschaft unterstellt, wie etwa Gallien, z. T. wurden auch bisher indirekt beherrschte Gebiete provinzialisiert, z. B. Ägypten (30 v. Chr.).[37]

Die Herrschaft über die Provinzen

Die römischen Provinzen waren dadurch gekennzeichnet, dass sie rechtlich ebenso Ausland, nicht-römisches Territorium waren wie die „Verbündeten", dass also römisches Recht in ihnen nicht galt, dass sie aber im Gegensatz zu den Verbündeten ihre eigene Staatlichkeit verloren hatten und zumindest grundsätzlich rechtlose Untertanengebiete waren. Im Einzelnen wurden die Verhältnisse in den Provinzen durch das von Rom als Gesetz erlassene Provinzialstatut geregelt. Dieses Statut war für die einzelnen Provinzen z. T. sehr verschieden, und je nach Kulturstand der Provinz und den Umständen ihrer Erwerbung kamen für die Verwaltung verschiedene Systeme zur Anwendung. Der wichtigste Unterschied zu den abhängigen Bundesgenossen bestand darin, dass die Provinzen gegenüber Rom steuerpflichtig waren. Sie hatten einmal ihre festen **Abgaben** in Geld oder Naturalien zu zahlen, ferner gingen die indirekten Abgaben, Zölle und Ähnliches an Rom und endlich unterlagen sie dem Beschlagnahmerecht des Statthalters für die Zwecke seiner Verwaltung. Hinzu kamen natürlich die Lasten für Kriege, die Rom führte, sowie Zahlungen an den Statthalter, um diesen zu bestimmten Entscheidungen zu bewegen. So wurde im ersten Jahrhundert v. Chr. die römische Herrschaft im östlichen Mittelmeer und in Kleinasien durch den König Mithradates von Pontos (132–63 v. Chr.) herausgefordert. Mehrere römische Heere operierten über viele Jahre hinweg im

37 **Direkte Herrschaft** meint die direkte und unmittelbare Kontrolle eines Landes durch Beauftragte (‚Statthalter', ‚Gouverneure') eines anderen Landes. Alle wichtigen staatlichen Tätigkeiten wie etwa Gesetzgebung, Verwaltung und Gerichtswesen werden von diesen Beauftragten und ihrem Herrschaftsapparat (Bürokratie) kontrolliert, das Land ist zudem in der Regel noch militärisch besetzt oder wenigstens durch ein Netz militärischer Stützpunkte gegen Unruhe und Aufstand gesichert. **Indirekte Herrschaft** bedeutet, dass der Beherrschte zwar noch die äußeren Merkmale von Selbstständigkeit in der staatlichen Tätigkeit besitzt, aber faktisch nichts gegen den Willen oder auch nur ohne Zustimmung des Herrschenden unternehmen kann. Es erfolgt oft auch eine schleichende Anpassung an die ‚überlegene' Kultur. In der Regel ist indirekte Herrschaft zudem mit wirtschaftlicher Abhängigkeit verbunden. Zur Zeit des Römischen Reiches gab es sog. Klientelreiche, die sich eng an das überlegene Rom anlehnten, was sich z. B. darin ausdrückte, dass sie im Fall einer Thronvakanz oder eines Thronstreites Rom um die Einsetzung eines neuen Fürsten baten. Moderne Formen von indirekter Herrschaft sind z. B. erzwungene Handelsprivilegien oder der dominierende Einfluss von ‚Beratern' aus dem übermächtigen Land. – Beide Begriffe sind auch bei der Analyse des modernen Imperialismus nach 1880 wichtig; direkte Herrschaft stellte v. a. der Kolonialimperialismus dar, indirekte der Wirtschaftsimperialismus (z. B. gegenüber China).

Osten und führten zwischen 88 und 63 v. Chr. einen erbarmungslosen Krieg, unter dem besonders die Bevölkerung in Griechenland und Kleinasien zu leiden hatte.

Im Einzelnen war das System der regulären Steuerveranlagung und -erhebung unterschiedlich. Es beruhte aber immer auf dem Prinzip, dass die Römer die Steuern nicht selbst eintrieben. Da sie keinen großen Apparat an Finanz- und Zollbeamten in den Provinzen unterhalten konnten und wollten, übertrugen sie das Eintreiben der Gelder an Privatleute bzw. Vereinigungen privater Unternehmer. Diese erwarben das Recht, die Steuern in einer Provinz zu erheben, indem sie auf einer Versteigerung zu Beginn eines jeden Jahres in Rom die höchste Vorauszahlung boten und auch gleich entrichteten. Der römische Staat hatte so ohne viel Mühe eine gesicherte Einnahme, während die **Steuerpächter** natürlich versuchten, über den im Voraus entrichteten Betrag noch möglichst viel an zusätzlichen Einnahmen zu erzielen. Dazu war es oft nötig, den römischen Statthalter zu bestechen, damit er den Provinzialen auch gegen die ärgste Ausbeutung seinen Schutz verweigerte und die Steuerpächter gewähren ließ. Auch die lokale Selbstverwaltung musste den Gemeinden in den Provinzen aus praktischen Gründen belassen werden, da Rom durch seinen Prätor und Quästor mit ihrem Gefolge nur die Oberaufsicht ausübte. Insgesamt war die römische Herrschaft in der Zeit der Republik für die Bevölkerung der Provinzen oft drückend, weil die römischen Nobiles ihre aus dieser Herrschaft erwachsende Aufgabe und Fürsorgepflicht nicht oder nur unzureichend wahrnahmen. Die Provinzen dienten in erster Linie dazu, Reichtum und militärischen Ruhm für den politischen Wettbewerb in Rom zu gewinnen; das Herrschaftsgebiet wurde als Beute betrachtet.

Um den Wettbewerb zwischen ihren Mitgliedern etwas einzugrenzen, ließ es die Nobilität auch zu, dass die ärgsten Ausbeuter einer Provinz in Rom vor Gericht gestellt werden konnten und manchmal sogar verurteilt wurden. Am besten bekannt ist der Prozess gegen Verres, der 73–71 v. Chr. als Statthalter auf Sizilien residierte und sich dabei in erster Linie als Kunsträuber mit Geschmack und Kennerblick profilierte. Die Reden des Anklägers **Marcus Tullius Cicero** (106–43 v. Chr.) geben ein detailreiches Bild der römischen Provinzialverwaltung in der späteren Republik.

Die Krisengeschichte der Nobilität: Von den Gracchen bis zur Schlacht bei Actium

Das Agrarproblem und die Gracchen

Grundlage der römischen Wirtschaft war immer die **Landwirtschaft**, in der sich jedoch in der mittleren Republik ein merklicher Wandel vollzog: Waren etwa bis zum 2. Punischen Krieg bäuerliche Klein- und Mittelbetriebe (bis 4 bzw. 10 Hektar) vorherrschend, so bildeten sich danach in bestimmten Gegenden Italiens (Etrurien, Latium, Kampanien, verschiedene Regionen Süditaliens) verstärkt größere Gutsbetriebe von 20 bis 100 Hektar Größe aus. Sie wurden durch Sklaven bewirtschaftet und erzeugten statt Getreide vor allem Oliven, Wein und Gartenbauprodukte; teilweise ging man zu Viehzucht über. Die Möglichkeiten für die Bildung von Großgrundbesitz wurden durch die Expansion und die Kriege geschaffen: Nach dem 2. Punischen Krieg wurden die zu Hannibal abgefallenen Städte bestraft, indem man ihnen Land wegnahm und dieses zu römischem Staatsland *(ager publicus)* machte. Die Reichen konnten dieses gegen eine Pachtsumme nutzen. Die kleineren Subsistenzbetriebe mit ihrer geringen Produktivität und ohne Reserven waren hingegen den Unwägbarkeiten der bäuerlichen Existenz fast ungeschützt ausgesetzt. Hinzu kamen die Verwüstungen durch den Hannibalkrieg und generell die Bedrückungen durch langen Kriegsdienst; dieser traf zwar eher die erwachsenen Söhne als die Bauern selbst, doch das Fehlen von Arbeitskräften konnte nur ausgeglichen werden, wenn durch Beuteanteile die Produktivität verbessert werden konnte. Eine nicht unerhebliche Entlastung bildeten zwar die Koloniegründungen, die neue Bauernstellen mit überwiegend ausreichenden Besitzgrößen schufen. Doch diese hörten in den 170er-Jahren aus uns unbekannten Gründen auf. Gewinne und Belastungen für die ärmere und mittlere ländliche Bevölkerung waren generell sehr unterschiedlich verteilt und auch von Region zu Region verschieden, doch unzweifelhaft existiert vielerorts ein landloses Proletariat von Nichtsesshaften und Saisonarbeitern; auch die Abwanderung nach Rom nahm zu. Anders als man früher vielfach annahm, stellte die Lage der Landbevölkerung insgesamt kein drängendes Sachproblem dar, auch wenn es bei der Rekrutierung von Soldaten für die unbeliebten Kriege in Spanien immer wieder Probleme gegeben hatte. Aber die römische Politik ‚tickte' nicht so wie die moderne: Es gibt ein Problem, das durch eine Reform ‚gelöst' werden muss. Schließlich war die armselige Lage vieler Landbewohner unübersehbar und im Kontrast mit Roms Siegen und dem verbreiteten

Wohlstand auch ungerecht. Es musste nur jemand kommen, der die Verhältnisse skandalisierte. Das war **Tiberius Sempronius Gracchus**, Sprössling eines der erfolgreichsten Nobiles der vorhergehenden Generation. Er hatte in seiner Karriere schon früh einen peinlichen Rückschlag erlitten und hatte nun vor, in seinem Volkstribunat nicht routinemäßig zu agieren, sondern etwas zu bewegen. Dafür bot sich die Lage der armen Landbevölkerung an, ein Thema, das ein paar Jahre zuvor schon einmal auf die Tagesordnung gebracht worden war, aber damals an der selbstsüchtigen Blockade durch die Senatsmehrheit gescheitert war.

Tiberius Gracchus, der keineswegs isoliert war, sondern von einigen prominenten Senatoren unterstützt wurde, brachte in seinem Tribunat ein Gesetz zur Abstimmung, das die Okkupation von *ager publicus* begrenzte. Das durch diese Begrenzung frei gewordene Staatsland sollte an mittellose Römer verteilt werden, damit diese – unterstützt durch ein ‚Startkapital' – wieder Bauern werden konnten. Das Gesetzesvorhaben fand den stärksten Widerstand des Senats, der dann auch durch den Volkstribunen C. Octavius Einspruch gegen den Antrag einlegen ließ. Diesen beantwortete Tiberius Gracchus unter Zustimmung der Volksversammlung mit der Absetzung des Octavius. Als Begründung für diese unerhörte, niemals vorher auch nur in Erwägung gezogene Tat führte Tiberius an, dass Octavius nicht im Interesse des Volkes gehandelt habe. Mit diesem Schritt hatte er jedoch nicht weniger getan, als eine ‚Notbremse' im austarierten Gefüge der römischen Verfassung außer Betrieb zu setzen. Solche Missachtung von Regeln sollte rasch Schule machen. Das Ackergesetz wurde freilich zunächst einmal durchgebracht und es wurde eine Ansiedlungskommission gebildet, in der neben Tiberius auch sein Bruder Gaius und sein Schwiegervater Appius Claudius Pulcher saßen – was die Gegner zusätzlich in Rage brachte, denn sie fürchteten, hier sollte dauerhaft die Macht einer Familie zementiert werden. Mit außerordentlichen Rechtsvollmachten ausgestattet, sollte die Kommission zunächst einmal feststellen, welche Gebiete eigentlich genau zum *ager publicus* gehörten (was schwierig war).

Tiberius Gracchus wollte eigentlich einen guten alten Zustand wiederherstellen, nämlich einen lebensfähigen Bauernstand und damit auch die Wehrfähigkeit. Dennoch konnte sein Vorstoß als Anschlag auf die Ordnung betrachtet werden. Er hatte nämlich, da er sich anders nicht durchsetzen konnte, durch die Absetzung des Einspruch einlegenden Kollegen dem Senat die politische Entscheidungsgewalt genommen und diese auf die Volksversammlung – oder genauer: auf den die Volksversammlung leitenden Beamten, also sich selbst – übertragen. Damit war ein zweites politisches Entscheidungszentrum neben dem Senat geschaffen und die ‚Verfassung' infrage gestellt (vgl. S. 70–82).

Um der drohenden Anklage nach dem Ablauf seines Amtsjahres zu entgehen und sein Gesetz zu sichern, versuchte Tiberius Gracchus, an sein Tribunat ein zweites unmittelbar anzuschließen, und plante darüber hinaus eine ganze Reihe weiterer Gesetze, durch die er seine politische Basis zu verbreitern hoffte. Vielen Gegnern sah das verdächtig nach Alleinherrschaft aus, denn ein Dauer-Volkstribun mit seiner Immunität, seinem Recht zur Gesetzesinitiative in der Volksversammlung und mit dem Volk hinter sich schien kaum zu stoppen zu sein. Noch bevor Tiberius Gracchus wiedergewählt wurde, inszenierten seine Gegner einen Tumult, in dem er in einem Akt senatorischer **Lynchjustiz** erschlagen wurde. Mit ihm starben dreihundert seiner Anhänger. Das war in doppelter Weise unerhört, denn Tiberius Gracchus hatte als römischer Bürger Anspruch auf einen Prozess vor der Volksversammlung und stand als Volkstribun obendrein eigentlich unter dem Schutz aller Plebejer in Rom.

Im folgenden Jahr wurden dann durch außerordentliche Gerichte weitere Gefolgsleute verfolgt und hingerichtet. Die Ansiedlungskommission arbeitete aber auch nach dem Tode des Tiberius noch für eine gewisse Zeit weiter, und offensichtlich fand sich die Nobilität mit den Ansiedlungen auch ab; dies ist ein deutliches Zeichen dafür, dass der eigentliche Stein des Anstoßes nicht die Landverteilung, sondern die von Tiberius Gracchus betriebene Umschichtung des politischen Entscheidungsprozesses gewesen war. Erst einige Jahre später wurde sie faktisch aufgegeben. Insgesamt war die Agrarreform, gemessen an ihren Zielen, gescheitert. Doch der Kampf ging weiter, denn der Mord an Tiberius war nicht vergessen.

Gaius Gracchus setzte, als er für 123 zum Volkstribunen gewählt worden war, die Politik seines Bruders fort, allerdings mit ganz neuen Akzenten. Ebenso wie unter Tiberius blieb es unter Gaius dabei, dass der Volkstribun mithilfe der Volksversammlung eigene, vom Senat unabhängige Politik machte. Seine Gesetzgebung war jedoch viel breiter angelegt als die seines Bruders; sie bezog die römischen Ritter (das waren die reichen Männer ohne politischen Ehrgeiz) ebenso ein wie die Bundesgenossen und die Bevölkerung der Stadt Rom. Es gelang Gaius, sich auch für 122 zum Volkstribunen wählen zu lassen, womit er jedoch – wie sein Bruder – gegen das traditionelle Verbot der Kontinuation eines Amtes verstieß. Der Senat reagierte mit einer aggressiven Gegenpropaganda, die ihrerseits an die Interessen der verschiedenen Bevölkerungsgruppen appellierte. Im folgenden Jahr 121 wurde schließlich bei zunehmender Erhitzung des innenpolitischen Klimas vom Senat der Staatsnotstand ausgerufen und Gaius wurde mit zahlreichen Anhängern erschlagen.

Vom Ordnungsverfall zum Bürgerkrieg

Die weiteren Ereignisse der Endphase der Römischen Republik sind verhältnismäßig gut überliefert und verdienten es eigentlich, ausführlicher berichtet zu werden, doch fehlt dafür hier der Raum. Die grundlegenden Zusammenhänge sind ja bereits skizziert worden, ebenso die wesentlichen Entwicklungen: Spaltung der führenden Nobilität, ihre zunehmende Unfähigkeit, die anstehenden Probleme zu lösen, Aufstieg ehrgeiziger **Einzelpersönlichkeiten** und wachsende Bereitschaft zur Ausübung von **Gewalt**. In Rom gab es keine Polizei, man stand Unruhen hilflos gegenüber, sogar Konsuln wurden mitunter eingeschüchtert oder sogar verprügelt.

Das Münzbild zeigt den Angriff des italischen Stiers auf die römische Wölfin, eine symbolische Darstellung des Bundesgenossenkrieges (vgl. S 87 f.). Der in oskischer Schrift genannte Samnite C. Papius Mutilus war der Befehlshaber der antirömischen Konföderation der Italiker.

Die Jahre 111–79 v. Chr. waren gekennzeichnet durch die Karrieren von Marius und Sulla. Gaius **Marius**, einem popularen Aufsteiger, insgesamt siebenmal zum Konsul gewählt, gelang es, den Jugurthinischen Krieg (111–105 v. Chr.) in Nordafrika zu beenden und zwei germanische Gruppen, die auf der Suche nach einem Platz an der Sonne auch in das römische Südfrankreich eingedrungen waren, zu vernichten (102 v. Chr. die Teutonen bei Aquae Sextiae, 101 v. Chr. die Kimbern bei Vercellae). Folgenreich war seine Heeresreform, weil sie die Agrarfrage in gewisser Weise umdrehte. Es wurde nicht Land verteilt, um neue Bauernstellen mit selbstausrüstungsfähigen Männern zu schaffen, sondern einfach auf die Besitzlosen zurückgegriffen. Diesen wurde aber für die Zeit nach den Kriegen eine Versorgung mit Land versprochen. Dieses Versprechen gab der Feldherr, und die Soldaten fühlten sich naturgemäß besonders ihm verpflichtet, während sie beim Senat nur wenig Aufmerksamkeit fanden. Die Augen und Wünsche dieser Legionäre richteten sich folgerichtig auf den Feldherrn, ihren Patron – und ihm allein galt ihre Loyalität, zumal dann, wenn schon der Feldzug beuteträchtig zu werden schien oder bereits gewesen war.

Einen furchtbaren Qualitätssprung bedeutete der **Bundesgenossenkrieg** (91–89 v. Chr., vgl. S. 87 f.), als sich viele der verbündeten Städte und Völker in Italien von Rom lossagten, nachdem sie ihre Interessen und berechtigten Anliegen in der stadtrömischen Politik nicht hatten zu Gehör bringen können. Nur durch Kämpfe konnten diese Sezessionisten besiegt werden. In einzelnen Regionen kam es zu regelrechten Gewaltexzessen, und die Hemmschwelle, die eigenen Interessen gewaltsam durchzusetzen, sank für Politiker und Soldaten enorm – und dauerhaft.

Gaius Iulius Caesar. Die Marmorskulptur stellt vielleicht das einzige noch zu Lebzeiten gefertigte Porträt des Dictators dar (Castello di Agliè/Piemont).

Lucius Cornelius **Sulla** führte 88 v. Chr. sein Heer gegen Rom und sicherte sich das Militärkommando gegen König Mithradates VI. von Pontos (vgl. S. 88), das ihm Marius hatte wegnehmen wollen. Marius floh aus Rom. Während Sulla anschließend in Kleinasien gegen Mithradates kämpfte, besetzten Sullas Gegner die Stadt erneut. Nach einem Waffenstillstand im Osten kehrte Sulla nach Rom zurück, ließ sich nach dem Sturz der Regierung in Rom und der Ermordung zahlreicher politischer Gegner in den sogenannten Proskriptionen[38] zum Dictator (vgl. Fußnote 31) ernennen und führte danach eine umfangreiche Verfassungsreform durch, die in erster Linie die Senatsherrschaft stabilisieren und alle gefährlichen Faktoren beseitigen sollte. Das Volkstribunat wurde entmachtet, das Zusammenwirken der Ämter in Rom und in den Provinzen neu geregelt.[39] 79 v. Chr., nachdem auch das Bundesgenossenproblem endgültig entschärft worden war, legte Sulla seine Dictatur – die mit dem alten militärischen Notstandsamt nichts mehr zu tun hatte – nieder. Doch die nachsullanische Senatsaristokratie war weder willens noch fähig, ihre noch einmal gesicherte Position angemessen auszufüllen. Zugleich aber hatte Sulla eine folgenschwere Möglichkeit für die Zukunft aufgezeigt: Die bis dahin in der Tradition *(mos maiorum)* ruhende Verfassungsordnung konnte durch den Machtspruch eines einzelnen Mannes und durch umfassende Gesetzgebung umgestaltet werden, sie war mit anderen Worten *verfügbar* geworden.

38 Die Namen von politischen Gegnern wurden öffentlich auf Tafeln bekannt gemacht *(proscribere)* und jeder durfte einen auf diese Weise Geächteten straflos töten. Dessen Vermögen wurde zwischen dem jeweiligen Mörder und dem Urheber der Proskriptionen geteilt. Deshalb kamen viele Wohlhabende auch nur wegen ihres Vermögens auf diese Listen.

39 Die Konsuln und Prätoren blieben während ihres Amtsjahres in Rom und gingen danach als Promagistrate (Prokonsuln bzw. Proprätoren) in eine Provinz.

Ein ‚Schüler' Sullas, Gnaeus **Pompeius**, hob schon wenige Jahre später in seinem Konsulat (70 v. Chr.) wichtige Teile der sullanischen Neuordnung auf. Mit einem außerordentlichen Militärkommando versehen, beseitigte er 67 v. Chr. das Seeräuberunwesen im Mittelmeerraum, beendete 63 v. Chr. die Kriege mit Mithradates und ordnete den ganzen Osten des Römischen Herrschaftsgebietes neu. Bei seiner Rückkehr nach Rom wurde Pompeius jedoch vom Senat politisch blockiert und schloss sich daher 60 v. Chr. mit zwei anderen ehrgeizigen Politikern zusammen: mit dem reichen Marcus Licinius Crassus und dem ebenso ehrgeizigen wie begabten **Gaius Iulius Caesar**. „Dieses Bündnis zwischen dem Mächtigsten, dem Reichsten und dem politisch Genialsten wurde zu einem Schlüsselereignis der römischen Geschichte. Es war der Anfang vom Ende der Republik." [40]

59 v. Chr. wurde Caesar Konsul. Durch seine Gesetzgebung erfüllte er gegen den Widerstand des Senats die Forderungen des Pompeius, u. a. die Versorgung der Soldaten. Doch insgesamt zog er aus dem Bündnis der drei Männer (daher **Triumvirat**) den größten Nutzen. Als Prokonsul eroberte er zwischen 58 und 50 v. Chr. ganz **Gallien** bis zum Rhein. Dort gewann er unermesslichen Reichtum, ein ihm treu ergebenes Heer und den festen Willen, sich künftig in Rom niemandem mehr unterzuordnen. In der Zwischenzeit zerbrach nach dem Tod des Crassus und einer Entfremdung zwischen Pompeius und Caesar auch das Dreierbündnis. Als die Senatsmehrheit schließlich Caesar politisch kaltstellen wollte, ihm deshalb die Abgabe seines Heeres befahl und gleichzeitig Pompeius den Schutz des Staates anvertraute, überschritt Caesar 49 v. Chr. den kleinen Grenzfluss Rubicon in Norditalien und eröffnete damit den **Bürgerkrieg** gegen Pompeius und den Senat. Obwohl die militärische Lage für Caesar am Anfang nicht gut aussah, besiegte er die ‚Pompeianer', wie die Senatspartei nun hieß, bei mehreren Gelegenheiten in Italien, Griechenland, Spanien und Nordafrika. Das Reich war zum Arsenal und Schlachtfeld der Bürgerkriegsparteien geworden. Am Ende stand Caesar als Sieger da, und er hüllte seine Alleinherrschaft in den Mantel eines alten Notstandsamtes, der Dictatur. Viele Adlige hegten wie Cicero noch die Hoffnung, die Dinge würden sich mit der Zeit normalisieren. Als sich Caesar aber Anfang 44 zum Dictator auf Lebenszeit und damit zum Monarchen proklamieren ließ, taten sich etwa 60 Verschwörer unter der Führung von Marcus Brutus und Gaius Cassius zusammen und ermordeten ihn während einer Senatssitzung an den Iden des März (15. März).

Der Bürgerkrieg flammte nach kurzer Beruhigung erneut auf. Der von Caesar in seinem Testament adoptierte, im Jahre 44 erst 19 Jahre alte **Oktavian**

40 Klaus Bringmann: Römische Geschichte. München 1995, S. 51.

(der spätere Kaiser Augustus)[41] sowie Marcus **Antonius** und Marcus Aemilius **Lepidus** einigten sich auf eine gemeinsame Herrschaft „zur Wiederherstellung des Staates“, obwohl sie zunächst miteinander im Krieg lagen und starke Spannungen zwischen ihnen bestanden (sog. **Zweites Triumvirat** 43 v. Chr., faktisch eine gemeinsam ausgeübte Militärdiktatur mit umfassender Amtsgewalt in Rom und in den Provinzen). 42 v. Chr. besiegte Antonius in der Schlacht bei Philippi (in Griechenland) die Caesarmörder, die im Osten ein großes Heer gegen die neuen Machthaber in Rom aufgestellt hatten. Die zunehmenden Spannungen zwischen Oktavian und Antonius wurden vorübergehend beigelegt. 38 v. Chr. wurde das Triumvirat verlängert, aber spätestens seit 32 v. Chr. führte an der entscheidenden Auseinandersetzung zwischen Oktavian und Antonius, der im Orient herrschte und sich mit der ägyptischen Königin Kleopatra zusammengetan hatte, kein Weg mehr vorbei (Lepidus war schon 36 v. Chr. entmachtet worden). 31 v. Chr. siegte Oktavian in der Schlacht bei Actium vor der Westküste Griechenlands; Antonius und Kleopatra begingen kurz danach Selbstmord, Ägypten wurde römische Provinz.

Eine neue Monarchie als Wiederherstellung der Republik: Der Prinzipat des Augustus

Oktavian hatte mit Geschick, Skrupellosigkeit und Glück alle Rivalen überwunden. Niemand konnte ihm die Alleinherrschaft noch streitig machen. Die Ergebenheit seiner siegreichen Armee war ihm sicher, und er hatte es verstanden, seine eigene Sache zu der ganz Italiens zu machen. Alle Anhängerschaften und Klientelen seiner Gegner gehörten nun ihm. Er war Monarch, Alleinherrscher. Dennoch wollte er für seine unbegrenzte Macht eine Form finden, die eine Versöhnung mit den republikanischen Traditionen der römischen Nobilität erlaubte. Caesars Schicksal war ihm Warnung genug. Außerdem war er auf die dauerhafte Zusammenarbeit mit der Aristokratie auch deshalb angewiesen, da ohne sie das nochmals gewachsene Römische Reich nicht zu beherrschen war; sie allein war in der Lage, durch ihre persönlichen Qualitäten als Heerführer, Richter und Patrone und durch ihre Autorität die römische Herrschaft im Reich auch tatsächlich darzustellen und auszuüben sowie im gesellschaftlichen

41 Er selbst nahm den prestigeträchtigen Namen seines Großonkels und Adoptivvaters an und nannte sich Gaius Iulius Caesar; um Verwechslungen zu vermeiden, wird er in der modernen Literatur meist Oktavian genannt, weil er als Gaius Octavius geboren wurde (Octavianus: ein aus den Octaviern in eine andere Familie Herausadoptierter).

Alltag für Stabilität zu sorgen. Ein Adel war also nötig, der gleichermaßen selbst-, pflicht- und traditionsbewusst war.

Zwar hatten in der Triumviratszeit viele Aufsteiger durch Loyalität und Tüchtigkeit Karriere gemacht, aber es gab auch für sie keine andere Rolle, kein anderes Regel- und Verhaltenssystem als das des alten Adels – mit einer entscheidenden Erweiterung: der Bereitschaft, sich dem Monarchen unterzuordnen. Das freilich fiel manchem hohen Herren nicht leicht, anders als den anderen Gruppen der Bevölkerung. Die Soldaten hatten sich längst daran gewöhnt, einem einzelnen Imperator zu gehorchen und nicht mehr dem Senat, die stadtrömische Bevölkerung erwartete von ihrem neuen Patron Zuwendung, Respekt und Unterstützung. Und die Bewohner Italiens und der leidgeprüften Provinzen waren gern bereit, jeden, der den Bürgerkrieg beendete und dafür sorgte, dass man wieder in Frieden leben und arbeiten konnte, als Retter und gegenwärtigen Gott zu verehren.

Oktavian gestaltete die Neuordnung in drei Schritten: Er feierte einen spektakulären Triumph, der an seiner Macht keinen Zweifel ließ (29 v. Chr.), er distanzierte sich demonstrativ von allen Unrechtsakten der Triumviratszeit (28 v. Chr.) und er präsentierte einen Weg, seine Allmacht einzubinden und sie im Gegenzug anerkennen zu lassen. Obwohl niemand den neuen Herrn dazu zwingen konnte, konstruierte er seine neue Ordnung als „wiederhergestellte öffentliche Ordnung" *(res publica restituta)*. Am 13. Januar 27 v. Chr. gab er in einer Erklärung demonstrativ seine Ausnahmegewalt an Senat und Volk zurück und verzichtete auf die einheitliche, quasi-diktatorische Herrschaftsbefugnis, die er seit Beginn des Triumvirats 43 v. Chr. innegehabt hatte. Die Senatoren, die wussten, dass sie unfähig waren, das riesige Reich ohne Konflikte zu verwalten, baten ihn daraufhin, doch wenigstens die Verantwortung für die Provinzen zu übernehmen, die noch nicht befriedet waren oder an der Grenze lagen. Zu diesem Zweck erhielt er das Recht, diese Provinzen und Truppen nicht in eigener Person, sondern durch Beauftragte zu führen. In die übrigen Provinzen entsandte der Senat jährlich wechselnde Statthalter aus den eigenen Reihen. Drei Tage später verlieh man dem Machthaber neben anderen Ehrungen den Beinamen **Augustus**, was so viel wie ‚der Vermehrer' und ‚der Erhabene' bedeutet.

Der eingeschlagene Weg bestätigt eindrucksvoll die prägende Kraft des über eine lange Zeit Gewordenen über sein eigentliches Bestehen hinaus.

Die ‚Verfassung' der römischen Republik war, wie wir gesehen haben, die Summe der Institutionen, Regeln und Kommunikationsformen gewesen, mit denen die Nobilität ihrer Herrschaft Form und Dauer gab, solange sie konsensfähig und den Aufgaben gewachsen war. Doch als sie nach den verheerenden

Bürgerkriegen und Proskriptionen ausgebrannt dalag und rein physisch zum großen Teil gar nicht mehr vorhanden war, geschah das Merkwürdige: Der neue Herr, der alle Sieghaftigkeit, alle Soldaten, Geldmittel und Anhängerschaften an sich gebracht hatte, knüpfte bewusst an eine ‚Verfassung' an, die ihre Verankerung in der herrschenden Klasse der Republik ja am Ende vollständig verloren hatte.

In Rom selbst blieb Augustus politisch handlungsfähig, weil er wie schon zuvor jedes Jahr das **Konsulat** bekleidete. Als darüber wenig später Unmut laut wurde, gab er das Amt auf und ließ sich stattdessen 23 v. Chr. die Amtsgewalt (nicht das Amt!) eines Volkstribuns verleihen. Damit konnte er Senatssitzungen und Volksversammlungen einberufen und leiten. Augustus behielt natürlich alle Machtmittel, vor allem die Verfügung über das Heer, und jeder wusste das auch, aber dennoch lehnte sich die Regelung mehr an die republikanische Tradition der Machtteilung und Machtbegrenzung an – auch wenn Augustus ja mehrere Ämter und Gewalten in sich vereinigte und die zeitlichen Begrenzungen nur eine Formsache waren –, als an die unbeschränkte Gewalt der Triumviratszeit. Die monarchische Gewalt bestand aus einer Addition republikanischer Ämter und Rechte. Die im Bürgerkrieg und damit illegal erworbene Macht war in

Zum Erneuerungsprogramm des Augustus, das vor allem in einer Besinnung auf gute alte Werte (den *mos maiorum* bestehen sollte, gehörte es auch, die traditionellen Götterkulte wiederherzustellen.
Die Statue zeigt Augustus als Obersten Staatspriester in der feierlichen Toga, das Haupt zum Opfer verhüllt.
Obwohl sich Augustus betont „zivil" gab, konnte er nicht verhindern, dass er wegen seiner großen Macht und der Heilserwartungen, welche die Menschen mit ihm verbanden, in vielen Teilen des Reiches als Gott verehrt wurde.

eine **rechtliche Form** gekleidet. Dabei gab es aber niemanden außer dem Monarchen, der diese rechtliche Form garantieren konnte, keine dritte, übergeordnete Instanz, die Verstöße feststellen und ggf. ahnden konnte. Die rechtliche Form war Teil einer bewussten **Selbstbindung**, die nach dem Scheitern der selbstherrlichen und unverhüllten Monarchie Caesars in dem Angebot des Monarchen an die von ihm selbst neu gebildete senatorische Aristokratie bestand, mit ihr zusammen und nach Regeln, die zumindest dem Grundsatz nach in der republikanischen Tradition verankert waren, die Herrschaft in berechenbarer Manier auszuüben. Das Recht war ein stützendes Korsett, das die militärische und soziale Macht des Monarchen auch einengte – weswegen es manchmal auch gelockert oder ganz abgeworfen wurde von Kaisern, die sich nicht an die Spielregeln halten wollten oder charakterlich unfähig waren.[42] Dann kam wieder der Militärdespot oder – in der traditionsstarken Begrifflichkeit der Aristokratie – der Tyrann zum Vorschein, gegen den es nur das Mittel der Gewalt, nämlich Verschwörung oder Militärrevolte gab. Es war Augustus' Leistung, die Monarchie in einer zukunftsfähigen Form erreicht zu haben. Aber „Herrschaft zu konstituieren, also die Akzeptanz der Untertanen zu gewinnen und zu bewahren und damit der Herrschaft Legitimität zu verleihen, blieb eine dauernde Aufgabe der römischen Caesaren".[43]

Die Ordnung der *res publica* schien in einer von den alten Fehlern gereinigten, stabilisierten Form wiederhergestellt. Die Amtsträger übernahmen ihre traditionellen Aufgaben, die Volksversammlungen wählten und verabschiedeten Gesetze, der Senat debattierte und fasste Beschlüsse. „Aber der traditionellen Ordnung unterlag ein anderer Sinn als in republikanischer Zeit. Sie war nicht mehr der Rahmen, in dem die Auseinandersetzung um die politische Führung stattfand, sondern die Bühne, auf der Eintracht demonstriert wurde."[44] Doch Augustus hatte auch erkannt, dass jede Herrschaft, und ganz besonders die Alleinherrschaft, nur funktionieren kann, wenn der Herrschende die richtige Einstellung und Haltung hatte, wenn er pflichtbewusst, geduldig, aufmerksam sowie in den jeweils richtigen Momenten streng oder großzügig ist.

42 Solche Kaiser, die mit ihrer Macht nicht umgehen konnten, waren etwa Caligula (37–41 n. Chr.) und Nero (54–68 n. Chr.). Beide starben eines gewaltsamen Todes.

43 Hans-Joachim Gehrke, Kleine Geschichte der Antike. München 1999, S. 181. – Gehrke unterscheidet **Herrschaft** und (bloße) **Macht**. Macht bedeutet nach Max Weber „jede Chance, innerhalb einer sozialen Beziehung den eigenen Willen auch gegen Widerstreben durchzusetzen"; sie setzt also die Bereitschaft voraus, Widerstand zu brechen. Herrschaft dagegen meint „die Chance, für einen Befehl bestimmten Inhalts bei angebbaren Personen Gehorsam zu finden". Herrschaft schließt die Bereitschaft der Schwächeren ein, sich zu fügen. „Ein bestimmtes Maß an Gehorchenwollen, also: Interesse (äußerem oder innerem) am Gehorchen, gehört zu jedem echten Herrschaftsverhältnis." (Zitate aus: Max Weber, Wirtschaft und Gesellschaft. Tübingen ⁵1972, S. 28–29 und S. 122) – Caesar hatte große Macht, konnte diese aber nicht in Herrschaft überführen. Augustus gelang dies.

44 Klaus Bringmann, Römische Geschichte. München 1995, S. 59.

Dem besonderen Charakter der neuen monarchischen Ordnung trug Augustus auch dadurch Rechnung, dass er sich nicht König oder Dictator nannte, sondern *princeps* (‚der erste (Bürger)'); die neue Staatsordnung heißt dementsprechend **Prinzipat**. Wir sprechen vereinfachend auch von der Kaiserzeit.

Das Römische Reich in der Kaiserzeit – Modell einer europäischen Ordnung?

Rom wurde unter Augustus und seinen Nachfolgern zur würdigen Hauptstadt eines Weltreiches. Der erste Prinzeps teilte die Stadt, die sich weit über die Grenzen der Stadtmauer hin auszudehnen begann, in 14 Bezirke und 165 Viertel mit eigenen Behörden und ließ sie durch Bauten erweitern. In der Kaiserzeit hatte Rom nach modernen Schätzungen zwischen 600 000 und 1,2 Millionen Einwohner. Die Rekonstruktionszeichnung zeigt das von Augustus umgestaltete Forum Romanum.

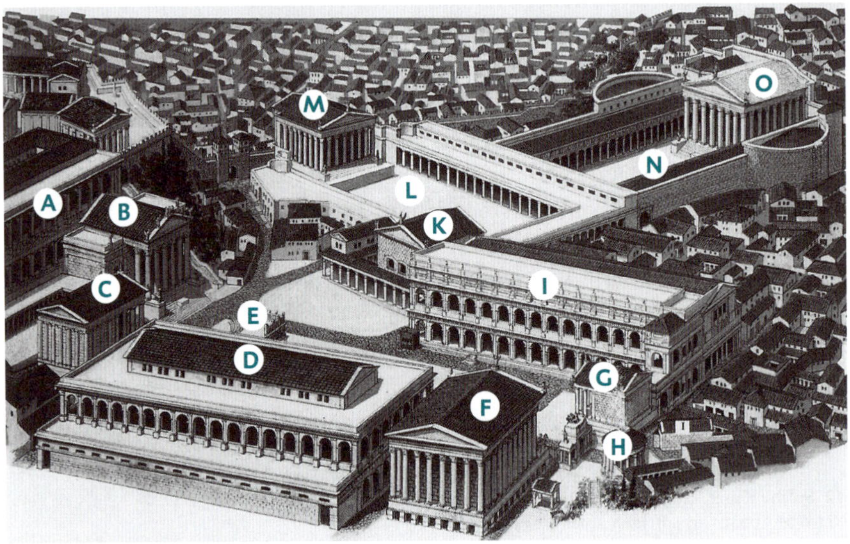

- **A** Tabularium (Senatsarchiv)
- **B** Tempel der Concordia (Eintracht)
- **C** Tempel des Saturn
- **D** Basilica Iulia
- **E** Rednerbühne
- **F** Tempel von Castor und Pollux
- **G** Tempel des vergöttlichten Iulius Caesar
- **H** Tempel der Vesta (hl. Herdfeuer des Staates)
- **I** Regia (Haus des Obersten Priesters)
- **K** Curia Iulia (Senatsgebäude)
- **L** Forum des Iulius Caesar
- **M** Tempel der Venus Genetrix (Stammgöttin der Iulier und damit auch des Augustus)
- **N** Augustus-Forum
- **O** Tempel des Mars Ultor (der Rache an den Caesarmördern geweiht)

Wäre das Römische Reich (Imperium Romanum) in den Bürgerkriegswirren nach Caesars Ermordung zugrunde gegangen, weil sich niemand fand, der den Konflikt in der regierenden Nobilität beendete und Staat und Gesellschaft auf monarchischer Grundlage neu ordnete, hätte es in den Geschichtsbüchern und in der Landschaft kaum Spuren hinterlassen. Wir wüssten von Feldherren, die Städte niederbrannten, Statthaltern, die arm in eine reiche Provinz kamen und eine arme Provinz reich verließen, und von einer politischen Führungsschicht, welche die Aufgaben, die ihr aus der bloßen Existenz eines großen Herrschaftsgebietes zuwuchsen, kaum wahrnahm, geschweige denn bewältigte. Wir müssten den Schluss ziehen, dass mit Rom nur ein weiteres Weltreich zusammenbrach, das militärisch erobert, aber nicht politisch beherrscht werden konnte und an der Unfähigkeit seiner Führer scheiterte, weiträumige Herrschaft unter den schwierigen Kommunikationsbedingungen der vormodernen Welt auf lange Sicht zu organisieren. Doch es kam anders.

Der Blick vom Palatinischen Hügel auf das heutige Forum.

Indem die römischen Kaiser und ihre Vertreter in den Provinzen, die senatorischen Statthalter und Legaten, einen Regierungsstil entwickelten, der den Untertanen maximale Freiräume ließ, und die sozialen Eliten sich ihrer Verantwortung bewusst waren, trugen sie erheblich zur Stabilität des Reiches bei. Als politische Organisation wie als Friedens- und Wohlstandsordnung hat dieses Reich es „der damaligen Welt ermöglicht, jahrhundertelang relativ glücklich zu leben".[45] Und dies gelang unter den Bedingungen einer vorindustriellen (Land-)Wirtschaft, die nur bescheidene Überschüsse produzierte und somit zur materiellen Beruhigung möglicher sozialer Konflikte weniger beizutragen vermochte als Produktionsweisen in der Moderne.

Glück hatten die Römer freilich auch: Vor 250 n. Chr. gab es keine ernsthaften Machtbildungen an den Grenzen. Jenseits von diesen war nicht nur feindliches Ausland, sondern dort begann die Nicht-Welt, das Chaos, die barbarische Gegenwelt zur römischen Ordnung – allen tatsächlich bestehenden Beziehungen und Kontakten zum Trotz. Die Bezwingung dieser Welt durch römische Disziplin, Technik und Opferbereitschaft wurde der Bevölkerung in den Gladiatorenkämpfen regelmäßig vor Augen geführt.

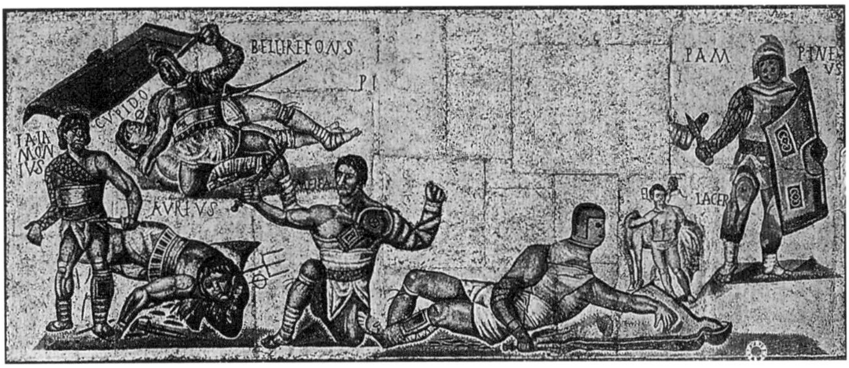

Wenn man die Geschichte der Römer und ihres Weltreichs als eine Geschichte des Bewusstseins der Herrschenden verstehen will, so darf dabei ein für uns eher fremder Zug nicht fehlen: ihre Bereitschaft, Gewalt auszuüben, um eine von ihnen gewollte und geprägte Ordnung herzustellen und zu bewahren. Dieser Bereitschaft versicherten sich die Römer zumal in der Kaiserzeit, als innerhalb des Reiches Friede herrschte, immer wieder in symbolischen Handlungen: in den Tierhetzen und Kämpfen im Amphitheater. Sie zeigten in stilisierter Form den beständigen und notwendigen Kampf der Ordnung (Rom) gegen das Chaos (Barbaren, Verbrecher, wilde Tiere).

45 Pierre-François Mourier: Lobrede auf Rom. Die römische Zivilisation als Spiegel des modernen Europa, in: Lettre International 36 (Herbst 1993), S. 36–42, das Zitat S. 37.

Westeuropa und Teile Mitteleuropas sowie der Balkanraum und Griechenland bildeten in der römischen Kaiserzeit zum ersten und seitdem auch zum letzten Mal eine politische **Einheit**. Diese umfasste darüber hinaus sämtliche Anrainerkulturen rund um das Mittelmeer, also Nordafrika und den Vorderen Orient bis an den Kaukasus und die Arabische Halbinsel. Die Kultur des Reiches war dabei zweisprachig; im vom Hellenismus geprägten Osten sprach man Griechisch, im Westen Latein. Mitglieder der Reichsaristokratie mussten in beiden Sprachen gleichermaßen zu Hause sein.

Das römische Weltreich bildete auch einen **einheitlichen Währungsraum**. Die Silbermünzen mit dem Bildnis des Kaisers wurden in Spanien, Ägypten und Syrien ebenso angenommen wie in Italien, Griechenland oder auf der Krim. Da es auch keine Zollgrenzen innerhalb des Reiches gab und die römische Ordnungsmacht die Sicherheit der See- und Landwege vor Piraten und Räubern weitgehend gewährleisten konnte, blühte der Handel. Rom war in dieser Hinsicht tatsächlich ein Welt-Staat mit einem **Weltmarkt**, der weit über die Grenzen des Reiches hinausreichte. Die wichtigste Münzeinheit war der **Denar** aus 4,55 Gramm Silber; daneben gab es noch den Sesterz aus Messing und das As aus Kupfer. Goldmünzen *(aurei)* wurden in unregelmäßigen Abständen geprägt und kamen kaum in Umlauf, sondern dienten als Recheneinheiten (1 aureus = 25 Denare = 100 Sesterze = 400 Asse).

Die bemerkenswert lange **Dauer** der römischen Ordnung[46] und die Chancen vieler Reichsbewohner, an der hohen Kultur des Imperium Anteil zu haben, beweisen, dass eine die verschiedensten Völker umgreifende politische Ordnung von auch nach heutigen Begriffen gewaltigen politischen Dimensionen tatsächlich funktionsfähig gewesen ist. Unabdingbar hierfür war freilich eine zentrale politische Institution: die Herrschaft des römischen Kaisers. Von der Stabilität der römischen Herrschaft zeugt auch die Tatsache, dass das Reich auch unfähige oder sogar abartige Kaiser ‚vertrug', ohne in seinem Bestand gefährdet zu sein. Das galt sogar für Situationen, als die kaiserliche Macht zwischen mehreren Anwärtern umkämpft war und es zu Bürgerkriegen kam, wie 68/69 (sog. Vierkaiserjahr).

46 Zwischen Augustus und der sog. ‚Krise des dritten Jahrhunderts' liegen etwa 250 Jahre weitgehender innerer Stabilität und eines gewissen Wohlstandes. War etwa die deutsche Geschichte seit 1750 von ähnlicher Stabilität geprägt? Wie viele Kriege auf seinem eigenen Boden und Verfassungsumbrüche hat Frankreich seit der Revolution erlebt? Wie lange hatte Russland als wirkliche Weltmacht Bestand? Selbst die Vereinigten Staaten erlebten in den gut 200 Jahren ihrer weitgehend kontinuierlichen und wegen der Insellage von außen unbehelligten Geschichte zumindest den Bürgerkrieg (1861–65), der die Nation zutiefst spaltete und in seinen Auswirkungen bis in unsere Tage spürbar bleibt. Das Außerordentliche der römischen Reichsbildung v. a. in ihrer zeitlichen Dimension wird durch solche Vergleiche schlagartig deutlich.

Der zivile wie militärische **Herrschaftsapparat** blieb bis ins dritte Jahrhundert n. Chr. in Relation zur Größe des Reiches sehr klein; der gesamte administrative Apparat bestand aus etwa 10 000 Personen, wenig in Relation zu den ca. 80 Millionen Einwohnern des Reiches. Da die Spitzen dieses Apparates – wie in der Republik – aus der aristokratischen Führungsschicht stammten, war eine Vermassung der Verwaltung von vornherein ausgeschlossen; die Römer waren vom Personal und von der Organisation her niemals in der Lage, die Verwaltung bis auf die untere Ebene hinunter an sich zu ziehen.

Die römische Herrschaft beruhte daher auf dem **Subsidiaritätsprinzip**, d. h.: Alle Gemeinschaftsaufgaben wurden soweit irgend möglich dort bearbeitet, wo sie entstanden und wo die Betroffenen lebten. Das waren die in allen Teilen des Reiches vorhandenen, z. T. auch erst neu gegründeten **Städte**; sie bildeten die wichtigsten Bausteine der Reichsorganisation. Erst wenn diese Städte von bestimmten Aufgaben überfordert wurden, schaltete sich die nächsthöhere Ebene ein, zunächst der Provinzstatthalter, schließlich der Kaiser in Rom. Dadurch wurde gesichert, dass regionale Besonderheiten und Traditionen bei der Bewältigung von Gemeinschaftsaufgaben zur Geltung kommen konnten. Zentrale Anweisungen und regionale Formen bestanden nebeneinander, wobei die Zentrale in Rom, die Provinzstatthalter und die Städte intensive Kommunikation durch Briefwechsel, Anfragen und Gesandtschaften pflegten.

Der freilich unübersehbare **Trend zur Zentralisierung** war weniger das Ergebnis einer Regelungswut von oben, sondern des Konkurrenzkampfes zwischen Angehörigen lokaler Eliten bzw. ganzen Städten, die sich daran gewöhnten, Entscheidungen der Zentrale, also des Statthalters oder des Kaisers, einzufordern, um sich einen Vorteil zu verschaffen. Die allmähliche Aushöhlung des Subsidiaritätsprinzips ging also zum nicht geringen Teil von unten aus.

Unterwerfung – Gewöhnung – Zustimmung

Die Römer hätten ihr Reich nie beherrschen können, wenn es nicht für die meisten seiner Bewohner die beste aller – auch denkbaren – Welten gewesen wäre und sie sich nicht „enthusiastisch an dieser neuen Gesellschaft, die endlich auf das jahrhundertealte Verlangen nach **Sicherheit** antwortete“[47], beteiligt hätten. Denn woher hätten die Kräfte kommen sollen, um über diese gewaltigen Entfernungen hinweg widerstrebende Untertanen zu beherrschen? Natürlich wurden die einzeln blutig eroberten Völker nicht nach ihrer Zustimmung ge-

47 Pierre-François Mourier: Lobrede auf Rom. Die römische Zivilisation als Spiegel des modernen Europa, in: Lettre Internationale. Europas Kulturzeitung. Berlin 1993, S. 40.

fragt. „Ihre soziale und politische Welt wurde weitgehend zerstört; Deportationen, Ausrottungen, gewaltsame Ansiedlungen und immer wieder die Ausbeutung der Wehrlosen bestimmten das Bild“[48]; nur ständige militärische Kontrollen konnten die Voraussetzungen für eine neue, römische Ordnung schaffen. So herrschte in der Generation der Besiegten, oft auch noch später, mit Sicherheit große Bitterkeit über die Niederlage und den Verlust der angestammten Freiheit. Zu Beginn übten die Römer ihre Macht oft mit großer Brutalität aus. Aber entscheidend war, dass ein **Annehmen der römischen Ordnung** für die folgenden Generationen insgesamt auch weit attraktiver erschien als ein fortdauernder Widerstand.[49] Die Unterworfenen wurden zu Beherrschten (vgl. S. 88 f.).

Der Triumphbogen ist wohl der bekannteste Typ römischer Siegesmonumente. Diesen hier ließ Kaiser Trajan 114 n. Chr. in der Stadt Benevent errichten. Der Bogen spricht zum Betrachter nicht nur durch die Inschrift, sondern auch durch die zahlreichen Bilder, die den Kaiser bei verschiedenen Anlässen zeigen. Dabei geht es nicht um individuelle Vorgänge, sondern um die wichtigen Herrschertugenden wie Frömmigkeit, Tapferkeit und Gerechtigkeit. Der Kaiser ist in jedem Bildfeld präsent, zusammen mit Soldaten, Bürgern oder Provinzialen, oft begleitet von Personifikationen seiner Herrschertugenden.

48 Werner Dahlheim: Die Antike. Paderborn [4]1995, S. 532.
49 Es war also beinahe ein Zerbrechen der Vergangenheit nötig, um leben zu können, während ihre Monumentalisierung – etwa im Sinne der Verklärung einer alten ‚Freiheit' – den Keim des beständigen Krieges, der immer wiederkehrenden Katastrophe in sich tragen musste. Beispiele für eine solche u. U. verhängnisvolle Monumentalisierung finden sich in der Geschichte nicht selten; am folgenreichsten war sie vielleicht in Deutschland nach 1918, als viele Menschen die Niederlage im Ersten Weltkrieg nicht anzuerkennen bereit waren und die Gegenwart (Weimarer Demokratie; Versailler Vertrag) an einer glorifizierten Vergangenheit (dem autoritäreren, aber vor allem mächtigeren und strahlenderen Kaiserreich) maßen.

Die Grundlage für das Funktionieren der Vielvölkergemeinschaft im Römischen Reich war der innere Friede. Die wirtschaftliche Entwicklung war sowohl Ergebnis als auch Voraussetzung des friedlichen Zusammenlebens. Wo es grundsätzlich an der Bereitschaft zur Einordnung in das Reich und zur Orientierung auf Rom fehlte, waren schreckliche Konflikte unvermeidlich. Die Tragödie des **jüdischen Volkes**, mit der Zerstörung des Tempels in Jerusalem im Jahr 70 n. Chr. vollendet, machte das allen Reichsbewohnern klar. ‚Friede' bedeutete aber nicht nur die Abwesenheit von Krieg. Mit der *pax Romana* breitete sich rasch ein bis dahin noch nicht gekannter und in manchen Ländern bis heute nicht wieder erreichter **Wohlstand** für einen großen Teil der Bevölkerung aus. Am erstaunlichsten ist, wie gleichmäßig dies in allen Reichsteilen geschah: In den letzten Gebirgswinkeln Anatoliens wie in der trostlosesten Einöde Nordafrikas, wo noch heute allenfalls nomadisierende Hirten in ihren Zelten leben können, oder in den nur schwer zu durchdringenden Landschaften in Britannien oder östlich des Rheins begegnen wir sehr ähnlichen Formen von Wohlstand und städtischer Lebenskultur mit Platzanlagen, Tempeln, Theatern, luxuriösen Bädern (Thermen) und aufwendig errichteten Infrastrukturbauten (Wasserleitungen, Brücken, Straßen, Häfen) wie in den Kerngebieten der römischen Zivilisation in Italien, Südfrankreich und Spanien. Der römische Geschichtsschreiber **Tacitus** (ca. 55–120 n. Chr.) hat dies sehr klar gesehen. Mit der Gewöhnung an die Annehmlichkeiten des **städtischen Lebens** wuchs auch die Bereitschaft, die politischen Voraussetzungen dafür zu akzeptieren. Über seinen Schwiegervater Iulius Agricola, der einer der ersten Statthalter der Provinz Britannien war (77–83 n. Chr.), schrieb er:

> „Der folgende Winter wurde mit sehr heilsamen Maßnahmen zugebracht. Damit sich nämlich die zerstreut lebenden und rohen und deshalb zum Kriege neigenden Menschen durch Wohlleben an Ruhe und Muße gewöhnten, drängte er sie persönlich und half ihnen von Staats wegen, Tempel, Märkte und Häuser zu errichten, lobte dabei die Bereitwilligen und kritisierte die Trägen: So wirkte anstelle von Zwang der Wettstreit um Ehre und Anerkennung. Fürstensöhne ließ er sogar in den gängigen Schulfächern unterrichten und gab dem Talent der Britannier vor dem Eifer der Gallier den Vorzug, sodass sie, die noch eben die römische Sprache abgelehnt hatten, nun sogar nach der (Unterrichtung in der) kunstmäßigen Rede verlangten. Von jetzt an kam auch unsere Tracht in Ansehen, und häufig trug man die Toga. Allmählich verfiel man auch auf die Reize der Laster: auf Säulenhallen und Bäder und üppige Gelage."[50]

50 Tacitus: *Agricola* Kap. 21. Übersetzt von Robert Feger (mit Änderungen). Stuttgart (Reclam) 1973, S. 35.

Integration und Abschließung nach außen

Die Zivilisation des Römischen Reiches hat also gegenüber den vielfältigen Kulturen innerhalb des Reiches eine beträchtliche **Integrationskraft** entfaltet, d. h., sie war so attraktiv, dass die Reichsbewohner, allen voran die lokalen Eliten, ihre jeweils angestammte Kultur rasch aufgaben. Dies geschah auch, indem man sie rechtlich besser stellte und ihnen nach der Bekleidung städtischer Ämter das römische Bürgerrecht verlieh. Ihre Nachkommen konnten dann vielfach schon in der übernächsten Generation in den kaiserlichen Dienst aufsteigen und mitunter sogar Senatoren werden. Denn nur ein römischer Bürger durfte höhere Ränge in den Legionen und in der Verwaltung bekleiden. Abgesehen von weitreichenden Steuerprivilegien bot das römische Bürgerrecht einem Provinzbewohner auch Schutz vor der Willkür eines Provinzstatthalters. Als der Apostel Paulus von einem römischen Tribunen unter der Folter verhört werden sollte, erreichte er mit dem Satz „Ich bin römischer Bürger", dass die Prozedur sofort abgebrochen und er zur nächsthöheren Instanz, letztlich nach Rom geschickt wurde (Apostelgeschichte 22,23 ff.). Zunehmend gelangten Römer aus den Provinzen und romanisierte Provinzialen auch in wichtige Führungspositionen. **Trajan** (reg. 98–117 n. Chr.) war der erste Kaiser, der aus einer Provinz stammte. Erst als Anfang des 3. Jahrhunderts n. Chr. alle Reichsbewohner das römische **Bürgerrecht** erhielten (sog. *constitutio Antoniniana*) traten andere Statusunterschiede in den Vordergrund.

Die Integrationsmechanismen im römischen Kaiserreich

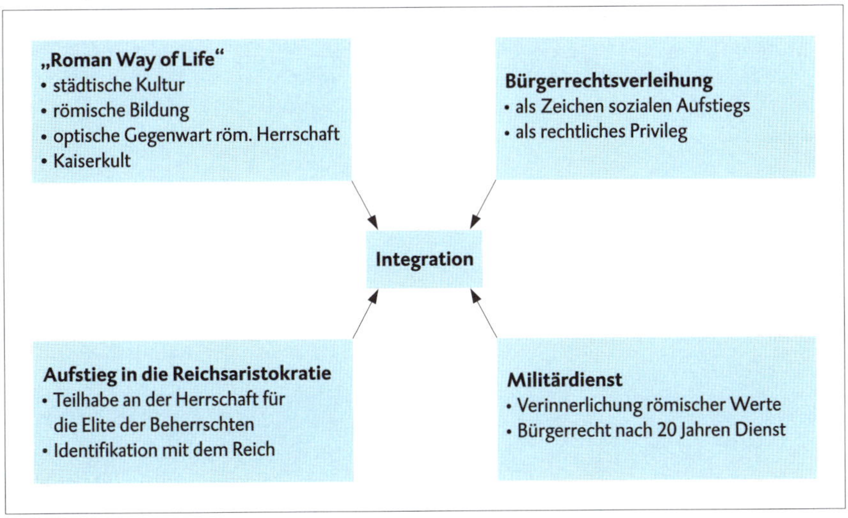

Die **Aufstiegsmöglichkeiten** durch den Dienst für Rom bestanden aber auch ganz unten. Die Hälfte der Berufsarmee des Kaiserreiches, ca. 200 000 Mann, bestand aus sogenannten **Auxiliartruppen**. Deren Soldaten wurden in den Provinzen unter der nicht römischen Bevölkerung angeworben und dienten 25 Jahre in der römischen Armee. Dort lernten sie nicht nur Latein, sondern sie wurden schlichtweg zu Römern. Bei seiner Entlassung aus dem Dienst erhielt der pensionierte Soldat **(Veteran)** ein Stück Land in einer Provinz angewiesen oder auch Geld, um sich ein solches zu kaufen. Oftmals machten diese Männer damit auch Geschäfte auf. Sie waren bei ihrer Entlassung etwa 40–45 Jahre alt.

Diese Integrationskraft ging aber einher mit einer vielleicht notwendigen, jedenfalls sehr energischen Abgrenzung nach außen. Vor allem an den Rhein- und Donaugrenzen war die Kluft zwischen dem römischen Provinzialraum und dem ‚barbarischen' Außenraum durch die Errichtung eines befestigten Grenzsicherungssystems **(Limes)** mit Mauern, Gräben, Wachtürmen und Militärlagern im Hinterland sehr augenfällig, trotz aller Kontakte und Handelsverbindungen. Diese strikte Abgrenzung wurde immer problematischer, je mehr die Völker jenseits der Grenzen nach Aufnahme ins Reich strebten. Dieser Forderung nach Integration konnte und wollte Rom nur sehr begrenzt oder gar nicht entsprechen. Hieraus erwuchsen Spannungen, die sich seit dem Ende des 2. Jahrhunderts n. Chr. in einem wachsenden Druck auf die römischen Grenzen entluden. Als dann im 4. Jahrhundert n. Chr. germanischen Großgruppen gestattet werden musste, sich als ‚Verbündete' *(foederati)* geschlossen im Reichsgebiet anzusiedeln, waren die Schleusen geöffnet, konnten sich faktisch unabhängige Staaten im Staat bilden, für die das Reich nur noch eine leere Hülle war, der man äußerlichen Respekt bezeugte – und bald nicht einmal mehr den.

Fürsorge und Verantwortung

Die Verwaltung des Reiches war in der ‚guten' Zeit des 1. und 2. Jahrhunderts n. Chr. im Ganzen vom Geiste der Verantwortung des Stärkeren für den Schwächeren getragen. Für den Schwächeren bedeutete diese Pflicht des Stärkeren zur **Selbstkontrolle** ein hohes Maß an Sicherheit vor Ausbeutung und Willkür. Gegen Korruption, Bereicherung und Willkürakte in der Verwaltung gibt es heute natürlich andere, rechtsstaatliche Instrumente, v. a. die Verwaltungsgerichte. Fraglich muss sein, ob sie ohne verinnerlichte Handlungsnormen wirksam sein können. Zudem gehörte es zu den wichtigsten Aufgaben eines Kaisers, den Bitten und Appellationen seiner Untertanen zuzuhören und nach Gesichtspunkten von Billigkeit, Gerechtigkeit und berechenbarer Stetigkeit zu entscheiden. Der Kaiser und der sich um ihn herum allmählich bildende Apparat waren also keine Zentralverwaltung mit festen Aufgaben- und Entscheidungsbereichen, sondern eher ein gigantischer Petitionsausschuss. Nicht jede Eingabe drang bis zum Kaiser bzw. zu seiner Verwaltung vor; dass dieses antike Gegenstück der modernen Verwaltungsgerichtsbarkeit dennoch effizient war, belegen zahlreiche Inschriften, die von erfolgreichen Eingaben an die Zentrale und Schiedssprüchen des Kaisers berichten.

In West-, Mittel- und Südeuropa sowie in den Ländern rund um das Mittelmeer findet man immer noch Spuren des römischen Weltreiches. Es sind meist Zeugnisse städtischen Lebens wie Tempel, Thermen und Amphitheater, aber auch Reste von Sicherungseinrichtungen gegen die „Barbaren". Die Grenzwälle *(limites)* in Schottland, Deutschland und Nordafrika waren zugleich monumentale Zeichen: „Hier beginnt die römische Zivilisation!" Das Bild zeigt den zwischen 122 und 126 n. Chr. errichteten **Hadrianswall** in Northumberland.

Das römische Recht und seine nachantike Karriere

Zur Berechenbarkeit der römischen Regierung im Reich trug auch bei, dass viele der Verantwortlichen in höheren Rängen juristisch geschult waren. Sie hatten gelernt, Sachverhalte, besonders Streitfälle, auf ihren bedeutsamen Kern zu reduzieren und anzugeben, welche Vorschriften und Prinzipien für eine Entscheidung in Anschlag zu bringen waren. Die in dieser Praxis zum Ausdruck kommende Eigenart des römischen Rechts sicherte diesem zugleich eine bemerkenswerte Karriere weit über die Dauer des Imperium Romanum hinaus.

So gut wie alle Staaten der Erde bewahren heute in ihren Rechtsordnungen römisches Erbe, nicht zuletzt unser **‚Bürgerliches Gesetzbuch'**, das am 1. 1. 1900 in Kraft trat. Mit dem Hinweis auf das BGB ist zugleich eine Einschränkung vorgenommen: Aufgegriffen wurde so gut wie ausschließlich das römische Privatrecht, also der Bereich, der die rechtlichen Verhältnisse der Individuen untereinander regelt, kaum hingegen das Strafrecht und das öffentliche Recht. Friedrich Engels hat das römische Recht als „das erste Weltrecht einer Waren produzierenden Gesellschaft" bezeichnet, und er hat damit einen wichtigen *materiellen* Grund für die Aktualisierbarkeit des römischen Rechts angedeutet: In diesem spielten Eigentum und Besitz, Vertrag, Kauf, Übertragung, Nießbrauch, Miete, Pacht, Haftung und Erbschaft eine zentrale Rolle, also Themen, die für die Gestaltung wirtschaftlicher Beziehungen und Handlungen in einer Gesellschaft, die das Individuum in den Mittelpunkt stellt, wesentlich waren und sind. Die Rezeption hat aber auch eine *kulturelle* Dimension: Über acht Jahrhunderte hinweg, seit dem hohen Mittelalter, schulten sich in fast allen Ländern Europas Juristen an den Grundfiguren, Grundbegriffen und dem charakteristischen Denkstil des römischen Rechts; sie schufen damit eine Ebene der Verständigung, welche die Aufsplitterung in nationale Staaten, Sprachen und Rechtssysteme überdauert hat.

Es muss an dieser Stelle darauf verzichtet werden, Entwicklung und System des römischen Privatrechts auch nur zu skizzieren. Wichtiger erscheint der Hinweis auf eine folgenreiche Besonderheit des römischen Rechts. Rom ist die erste Kultur der Weltgeschichte, die ein **autonomes und versachlichtes Entscheidungsverfahren** für die sozialen Konflikte entdeckt hat, die jeder Rechtsfrage zugrunde liegen. Damit war es möglich, Konflikte zu objektivieren und zu neutralisieren und die Rechtsschöpfung wie die Rechtspraxis von magisch-rituellen Fesseln wie von politischen Ideologien freizustellen, sie am

Ende zu verselbstständigen. Man kann das sehr schön daran ablesen, dass der Übergang von der Republik zum Prinzipat in Rom für die Jurisprudenz keinen scharfen Einschnitt darstellte. In dieser Autonomisierung liegt der wesentliche Beitrag des römischen Rechts zur europäischen Tradition – und etwa nicht in der Entdeckung einer abstrakten Rechtsidee oder in der Reflexion über die allgemeinen und zeitlosen Bedingungen und Eigenschaften von Recht oder auch nur in der Strenge der logischen Ableitungen. All dies gehört eher in den Bereich der griechischen Philosophie und Wissenschaft, es hat zwar auch die römischen Juristen als die Gebildetsten der Römer erreicht und durch sie weitergewirkt. Aber den innersten Kern des antiken römischen Rechts trifft es nicht.

Die genannte Verselbstständigung war möglich, weil die Rechtsschöpfung als Vorgang in Rom sehr früh zu einer Autonomie gelangt war. Und diese Autonomie wiederum konnte es nur geben, weil in Rom der Privatprozess seit ältester Zeit mehrteilig war: Vereinfacht gesagt: Die Parteien gingen zum **Prätor**, der die Klage annahm und durch eine sog. **Spruchformel** sozusagen auf den Begriff brachte, also den Streitstand festlegte *(in iure; litis contestatio* – „Bezeugung des Rechtsstreites"). Mit dieser Formel ausgestattet ging man zu einem Richter *(iudex)*, der Laie und Privatmann war, aber natürlich wie der Prätor dem Adel angehörte; der *iudex* nahm die Formel entgegen, hörte Zeugen, prüfte Beweismittel (Beweisführung) und fällte das Urteil. Der Prätor als Amtsträger des römischen Volkes verkörperte die **Gerichtshoheit** und wurde zugleich von zeitraubender Detailarbeit entlastet. Zugleich konnte sich durch das Prinzip der Einzelrichter ein gewisser juristischer Sachverstand ansammeln. Wichtiger aber war, dass sowohl der Prätor als auch der Richter in der Regel auf die Meinung sachkundiger Berater und Freunde vertrauen konnten, die ihr *consilium* bildeten – eine in der römischen Aristokratie seit ältester Zeit bekannte Übung, im Feldherrenzelt wie im eigenen Haus. So gab es immer eine Gruppe von Männern aus der Oberschicht, die als rechtskundig galten und *auctoritas* (Gewicht, Autorität) besaßen. An diese wandte man sich, nicht nur für Streitfälle und Prozesse, sondern auch bei anderen privaten Rechtsakten (Kauf, Testament usw.). Das Kernstück der Tätigkeit dieser Rechtskundigen war das Erstellen von Gutachten *(respondēre – „antworten")*. Dabei wurde aus dem komplexen und individuellen Tatsachengestrüpp eines Streitfalles das juristisch Wesentliche herausgestellt und so schon durch die Darstellung des Falles die Entscheidung selbst oft vorweggenommen. Die Entscheidung des Juristen blieb dabei extrem sachgebunden und die Sache auf den Traditionalismus und Formalismus des alten Rechts bezogen. Die Juristen revolutionierten das Recht nicht, sondern erweiterten und verfeinerten es durch Rückführung der Fälle auf deren rechtlichen Kern und durch Ergänzung. Man folgte nicht philosophischen Lehrsätzen und suchte nicht die Regeln der Entscheidung in einer Systematik zusammenzufassen oder gar aus einer solchen zu begründen. Aus der Praxis des Gutachtens erwuchs bald eine eigenständige Fachdisziplin, die wir als **Rechtskunde** bezeichnen. Wer sie pflegte, hieß *iuris consultus* oder *iuris prudens*. Seine Kompetenz erwuchs aus seiner Erfahrung, seine Autorität daraus, dass man ihn immer wieder fragte.

Kommentierungen alter Gesetze sowie Sammlungen von Gutachten und Rechtsformeln wurden bald erstellt und bildeten den Grundstock der **Rechtsliteratur**. Die respondierenden Juristen verfassten nun, beginnend mit der Kaiserzeit, Bücher: Gesamtdarstellungen, Sammlungen von Auskünften, Kommentare, Lehrwerke. Für ihre Wirkung ebenso wichtig war ihre Nähe zu den Kaisern: seit Hadrian (reg. 117–138) und bis zum Ende der severischen Dynastie (235 n. Chr.), also in der besten Zeit des Reiches, waren bedeutende Juristen zugleich hohe Reichsfunktionäre. Sie gewannen dadurch Einfluss auf die kaiserliche Rechtsprechung (Dekrete, Appellationen, Reskripte) und damit auch auf die Rechtsfortbildung durch die Kaiser.

Die spätere Rezeption des römischen Privatrechts wäre freilich ohne die spätantiken Sammlungen nicht möglich gewesen. Die wichtigste veranlasste Kaiser Justinian, der von 527 bis 565 regierte. Das **Corpus Iuris Civilis** bestand aus drei Teilen:

- Codex Iustinianus: Sammlung von Kaisergesetzen. 12 Bücher, später ergänzt durch insgesamt 168 Novellen,
- Institutiones: Lehrbuch. 4 Bücher (mit Gesetzeskraft!),
- Digesta/Pandekten: Auszüge aus Werken von etwa 40 juristischen Schriftstellern in 50 Büchern, zus. 9950 Fragmente.

Vor allem die **Digesten** erwiesen sich als zukunftsträchtig. Wie war das möglich? Nun, die Digesten enthielten nur wenige Stücke, die so sehr an die römische Ordnung gebunden waren, dass sie mit deren Verschwinden bedeutungslos wurden. Das ganze Gesetzeswerk Justinians war seiner Art nach weniger ein Gesetzbuch nach dem Begriff der Neuzeit als eine Sammlung von Materialien für ein solches, ein Erfahrungsschatz juristischen Könnens. Viele Bestimmungen sind auch offenkundig kulturunabhängig und aktualisierbar, etwa: Wenn ein Kleiderreiniger Kleidung zum Reinigen übernommen hat und Mäuse die Kleidungsstücke zernagen, dann haftet er, weil er dagegen Vorsorge hätte treffen müssen. Und wenn der Kleiderreiniger einen Mantel vertauscht hat und jemandem den Mantel eines anderen gegeben hat, dann haftet er auch dann, wenn er den Mantel vertauscht hat, ohne es zu bemerken. Im Gesellschaftsrecht, das die Verhältnisse zwischen mehreren Betreibern eines gemeinsamen Geschäfts regelt, findet sich, was heutige Studierende lernen, schon bei dem Juristen Gaius: Ein Gesellschafter haftet dem anderen auch für Fahrlässigkeit, das heißt wegen Untätigkeit und Nachlässigkeit. Die Fahrlässigkeit ist aber nicht an der höchstmöglichen Sorgfalt auszurichten. Es genügt, eine solche Sorgfalt in gemeinschaftlichen Angelegenheiten anzuwenden, wie man sie in den eigenen Angelegenheiten anzuwenden pflegt. Denn wer sich einen wenig sorgfältigen Gesellschafter wählt, muss sich bei sich selbst beklagen. So wird der heutige Leser der Digesten in die Lage versetzt, hin und her zu wandern: vom heutigen Problem zum alten Text und vom Text wiederum spielerisch zu einem damals unbekannten Problem, das nun nach Römerart gelöst werden kann.

Es gab kaum einen intensiver studierten und interpretierten Text als diese thematisch geordnete Sammlung von Zitaten aus der klassischen Epoche römischer Jurisprudenz.[51] Nur die Bibel, der Koran und Aristoteles können damit verglichen werden.

Im lateinischen Westen verschwanden die Digesten zwar mehr oder weniger in der Völkerwanderung (vgl. S. 115 f.), kamen aber ab 1100 in Bologna wieder ans Licht. Die dortigen Juristen glossierten und kommentierten die bald tausend Jahre alten Digesten mit dem frischen Fallmaterial der aufblühenden oberitalienischen Stadtstaaten. So wurden sie der Leitfaden des mittelalterlichen und neuzeitlichen Rechtsunterrichts und dienten als Schatzhaus für eine rationale, textgebundene Argumentation, für eine besondere Art zu denken. Von dort, über die Ausbildung an der Universität Bologna, bald auch in anderen Städten Europas, verbreitete sich die neue Art, Recht zu setzen und damit in der Gesellschaft eine verlässliche Ordnung zu schaffen. Fast alles, was wir als Produkte der Zeit nach der Französischen Revolution anzusehen pflegen, der moderne Rechtsstaat mit seinen Prozessgarantien und seinen ausgearbeiteten Dogmatiken des Zivil- und Strafrechts, des Staats- und Verwaltungsrechts, entwickelte sich aus dem jahrhundertelangen Training rechtlicher Argumentation auf der Basis der antiken Texte. Der studierte Jurist wurde in den Verwaltungen der Kirche und der aufstrebenden Fürstenstaaten bald unentbehrlich – und ist es noch heute.

51 Vgl. Michael Stolleis, Auf gut Deutsch: Wie wollen Sie das Gegenteil beweisen?, in: Frankfurter Allgemeine Zeitung vom 14. 7. 2000, S. 48, auch für das Folgende.

Krise und Umgestaltung des Reiches in der Spätantike

Faktoren der Umgestaltung

An der römischen Geschichte nach ca. 250 n. Chr. lässt sich sehr gut studieren, wie Bedrohungen eines Reiches von außen und krisenhafte Veränderungen im Inneren zu Reaktionen der Staatsführung und der Bevölkerung führten, die in ihrer Summe eine tief greifende Umgestaltung des ganzen Reiches bewirkten.

Als Siege über Barbaren nicht mehr routinemäßig errungen wurden, konnte die alte Sicherheit nur noch in Bildern beschworen werden. Dies geschah besonders auf den sogenannten Schlachtensarkophagen mit ihren detailfreudig gestalteten Reliefs. Im Bild der Ludovisi-Sarkophag aus der Mitte des 3. Jahrhunderts n. Chr.

Die zentrale Figur zu Pferd, vermutlich der Verstorbene, schaut in die Ferne und überblickt das Schlachtfeld, während sie mit der Hand eine ausladende Bewegung macht. Um sie herum scharen sich viele Römer, in Tuniken gekleidet, mit federgeschmückten Helmen und mit Brustpanzern. Sie schlagen ihre am Boden liegenden Feinde, die Barbaren, zurück, die man an ihrer orientalischen Kopfbedeckung, den weiten Hosen und dem struppigen Haar erkennt.

Oben und unten, Stehen und Fallen sind typische Strukturelemente dieser Inszenierung einer in der Wirklichkeit verlorenen Ordnung.

Äußerer Druck und Versagen des Staates

Obwohl es bis ins 3. Jahrhundert n. Chr. dauern sollte, bis die Unsicherheit und der abnehmende Wohlstand auf breiter Front spürbar wurden, begannen die Schwierigkeiten für das Reich doch schon unter Kaiser Marc Aurel (161–180), als vermehrt **Germanen** aus dem Norden auf die Grenzen des Reiches zu drücken begannen. Die wirtschaftliche Lage begann sich zu verschlechtern, die wohlhabende und staatstragende Oberschicht in den Städten geriet vielerorts in ökonomische Schwierigkeiten. Mehrere Epidemien dezimierten die Reichsbevölkerung. Auch der vermehrte Bedarf an Luxusgütern, die Verschwendungssucht mancher Kaiser und die wachsenden Heeresausgaben gefährdeten die Finanzen. Die Abwehr der immer zahlreicher werdenden Feinde von außen und die Unterdrückung von Heeresabteilungen, die ihre eigenen Kommandeure zu Kaisern erhoben und damit eine Bürgerkriegssituation schufen, zwangen die Kaiser zur Anspannung aller Kräfte.

Die Regierung des Septimius Severus (193–211) zeigte bereits Züge der **Militärmonarchie**. Unter ihm konnten verdiente Soldaten beträchtlich aufsteigen, die Zugehörigkeit zum Senatorenstand war nicht mehr die entscheidende Voraussetzung für die Bekleidung der höchsten Kommandostellen. Alle Bemühungen konzentrierten sich nun auf die Sicherstellung der Reichsverteidigung und die Bedürfnisse der Soldaten. Zu Beginn des 3. Jahrhunderts n. Chr. verstärkte sich die äußere Bedrohung durch den Aufstieg des persischen Reichs der **Sassaniden** und den Druck der **Alemannen** auf die Rheingrenze. Unter den **Soldatenkaisern** (Beginn mit Maximinus Thrax 235 n. Chr.) begann das Reich zu erodieren. Überall wurden Truppenkommandeure von ihren Legionen zu Kaisern erhoben, oft mehrere gleichzeitig im Reich. Nurmehr der Erfolg entschied darüber, ob jemand ‚rechtmäßiger' Kaiser war oder nur ein Aufrührer. Der Gegensatz zwischen Militär und Senat, die Geldentwertung, Kostenlasten für Heer und Verwaltung, Steuererhöhungen, dazu die Angriffe barbarischer Völker auf die Grenzen verstärkten die schwere innere und äußere **Krise**.

Die Germanen im Reich

In der Menschheitsgeschichte gab es immer wieder **Wanderungen** großer Personenverbände über weite Räume, die dann auch die ‚Sesshaften' betrafen. Das war zu Beginn der griechischen Geschichte so gewesen und wiederholte sich nun am Ende der Antike in Gestalt der germanischen „Völkerwanderung"[52]

52 Das Wort steht in Anführungszeichen, weil man heute weiß, dass es nicht große geschlossene Abstammungsgemeinschaften („Stämme") waren, die wanderten, sondern bunt gemischte Gemeinschaften unter einem Erfolge verheißenden Anführer, deren Identität sich erst im Laufe der gemeinsamen Taten herausbildete.

An den Anfang dieser Völkerwanderung wird üblicherweise der Hunneneinfall von 375 gesetzt, der die Goten aus Südrussland und aus dem Gebiet des heutigen Rumänien vertrieb. Aber kleinere Wanderungsbewegungen hatten früher begonnen; so hatten sich die **Goten** bereits im 1. Jahrhundert v. Chr. aus Südschweden in das untere Weichselgebiet abgesetzt und waren dann im 2. und 3. Jahrhundert n. Chr. erneut in vielfache Bewegung geraten. Während die Ostgermanen (Goten, Wandalen, Burgunder u. a.) ihre alten Siedlungsgebiete ganz aufgaben, behielten die Westgermanen (Alemannen, Franken, Thüringer u. a.) die Verbindung zu ihren angestammten Sitzen, sodass es sich bei ihnen mehr um eine Ausdehnung ihres Siedlungs- oder Herrschaftsgebiets als um eine eigentliche Wanderung handelte. Die allgemeine Stoßrichtung der Völkerwanderung ging nach Westen und Süden über die Grenzen des Römischen Reiches. Auf dessen Gebiet kam es schließlich zu den Reichsgründungen der Westgoten in Gallien und Spanien, der Burgunder an der Rhône, der Wandalen in Afrika und der Ostgoten in Italien. Als Abschluss der Völkerwanderung gilt der Einbruch der Langobarden in Italien (568 n. Chr.).

Völkerwanderung und Reichsbildung

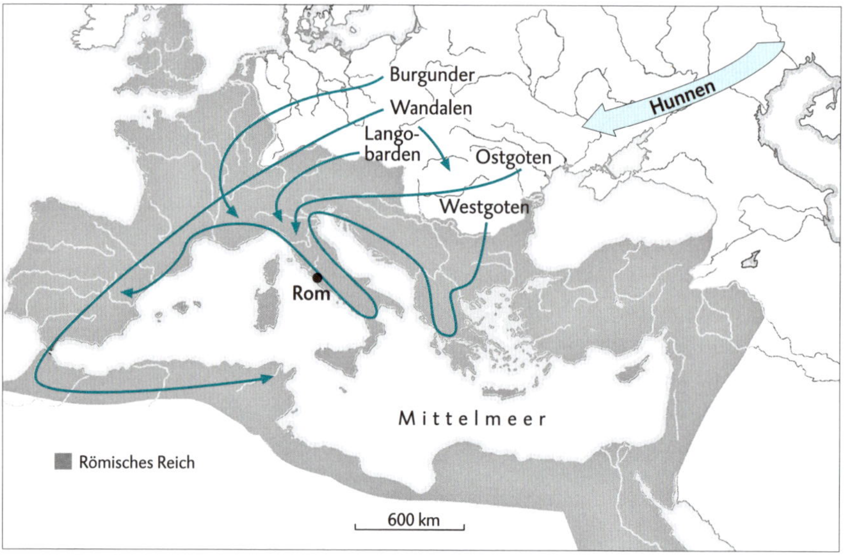

Christenverfolgungen und Umwandlung des römischen Staates

Die Zusammenballung von äußeren Bedrohungen und innerer Krise im Laufe des 3. Jahrhunderts verunsicherte die Menschen elementar. So verwundert es nicht, wenn die Kaiser Decius (249–251) und Valerian (253–260) auf den Gedanken kamen, durch Rückbesinnung auf die alte römische Religion das Wohlwollen der Götter zurückzugewinnen und zugleich die ganze Reichsbevölkerung hinter sich zu vereinigen. So kam es zur ersten allgemeinen **Christenverfolgung**. Mit ihrer andersgearteten Religiosität galten die Christen schon lange als Außenseiter; nunmehr kränkten sie geradezu, so glaubten viele Menschen, die Götter, weil sie sich weigerten, die üblichen Opfer, auch die für den Kaiser, zu vollziehen, die Rom so lange Zeit Frieden und Sicherheit gewährt hatten. So gerieten sie gerade in diesen schweren Jahren des 3. Jahrhunderts in die Rolle von Sündenböcken.

Kaiser Diocletian (284–305) gelang es, das Reich zu reorganisieren und zu stabilisieren. Dem Versuch, durch ein System der absichtlichen Vermehrung der Kaiserwürde auf 2+2 (sog. Tetrarchie) die Thronstreitigkeiten zu verhindern und eine geregelte Nachfolge zu sichern, war zwar kein dauerhafter Erfolg beschieden. Doch gliederte er Reich und Verwaltung neu, reformierte das Währungssystem und die Steuererhebung und vermehrte die Grenztruppen. Allerdings litt unter dem nunmehr zumindest der Absicht nach straff organisierten Staatsapparat die politische und wirtschaftliche Freiheit; viele Menschen suchten sich dem Zugriff des Staates zu entziehen. Mehr und mehr war das Römische Reich nicht mehr die beste aller möglichen Welten, sodass im 5. Jahrhundert mancherorts die ins Reich eindringenden Germanen sogar als Befreier betrachtet wurden oder der Zusammenbruch der römischen Ordnung wenigstens ohne größere innere Anteilnahme hingenommen wurde.

Die alte Frage nach den **Ursachen für das Erlöschen des Römischen Reiches im Westen** kann nicht mit dem Hinweis auf einen einzigen Faktor beantwortet werden. Zwar wurde die römische Welt von außen, durch die Invasionen der Perser, Germanen und zuletzt der Araber zerstört. Doch diese brachten kein völlig intaktes Haus zum Einsturz, sondern einen Notbau, der für viele Bewohner gerade durch die Bemühungen des Staates zu seiner Erhaltung immer unwohnlicher wurde.

Eine in jeder Hinsicht folgenreiche Umgestaltung des Reiches ergab sich aus der zunehmenden Ausbreitung des **Christentums**, die auch durch die zeitweiligen Verfolgungen – die letzte unter Kaiser Diocletian – nicht zu stoppen war. Unter Diocletians Nachfolgern setzte sich schließlich **Konstantin der Große** (306–337, alleiniger Kaiser seit 324) durch. Er erkannte das Christentum als bevorzugte Religion an. Dies förderte die Ausbreitung noch, da nun Christen im Staatsdienst leichter Karriere machen konnten als Nichtchristen, und die Bischöfe durch finanzielle Zuwendungen des Kaisers eine wichtige Rolle im sozialen Leben zu spielen begannen. Sie bauten nun etwa eine Armenfürsorge auf und gewannen besonders in den Städten erhebliche Bedeutung. Das Christentum gestaltete auch den Alltag der Menschen um, indem etwa der **Sonntag** als regelmäßiger Ruhetag eingeführt wurde – vorher hatte es einen unregelmäßigen Wechsel von Arbeits-und Festtagen gegeben. Als Herren des Reiches und Beschützer der Kirche sahen es die nunmehr christlichen Kaiser als selbstverständliche Pflicht an, bei **innerkirchlichen Streitigkeiten** einzugreifen. Dabei suchten sie meist einen Konsens zu finden, indem sie bei strittigen Glaubensfragen Kirchenversammlungen **(Synoden)** einberiefen. Was dort zur gültigen, rechtgläubigen (‚orthodoxen') Lehre erklärt wurde, suchten sie dann jedoch auch energisch durchzusetzen. Wer andere theologische Überzeugungen hatte – etwa in der Frage nach der Natur von Christus (Mensch oder Gott?) – galt als Häretiker (Abtrünniger). Die Durchsetzung des Christentums hatte also für die Kaiser ambivalente Folgen. „Der rechtgläubige Kaiser beanspruchte und erhielt Macht über die Seelen der Menschen. Aber er wurde auch in die Glaubenskämpfe der Zeit verwickelt, und er beförderte durch seine Parteinahme die innere Zerrissenheit einer religiös gespaltenen Gesellschaft."[53]

Das Zeichen des Heilands (Christogramm aus den griechischen Buchstaben chi und rho) verbindet sich mit dem Zeichen des Sieges, dem Kranz, und markiert die endgültige Durchsetzung des Christentums im Römischen Reich.

53 Klaus Bringmann: Römische Geschichte. München 1995, S. 104.

Übersicht zur Frühgeschichte des Christentums

7/6 v. Chr.	**Geburt Jesu**
ca. 28–30 n. Chr.	**öffentliche Wirksamkeit Jesu**, der von seinen Anhängern als der Erlöser *(Messias)* betrachtet wird
30 n. Chr.	**Kreuzigung Jesu**, der als Aufrührer verurteilt wurde. Beginn der Missionstätigkeit der engsten Anhänger Jesu als Sendboten *(Apostel)*, zunächst unter den Juden, später auch unter Nicht-Juden (‚Heiden'). Wichtigster Apostel: Paulus
64 n. Chr.	nach dem Brand Roms **erste lokale Christenverfolgung** unter **Nero**
ab 65 n. Chr.	Nach dem Tod der unmittelbaren Zeugen Jesu werden die **Evangelien** (Berichte über Leben und Lehre Jesu) und die **Apostelgeschichte** (Berichte über frühe Mission und erste Gemeinden) aufgezeichnet.
um 100 n. Chr.	Die **frühe Kirchenverfassung** mit den Bischöfen an der Spitze erscheint voll ausgebildet. Die Bischöfe treten zu *Konzilien* und *Synoden* zusammen, um Glaubensfragen zu erörtern.
110/113 n. Chr.	Die Behandlung der Christen durch den römischen Staat wird geregelt: Christen sollen nur dann hingerichtet werden, wenn sie ordnungsgemäß angezeigt wurden und sich weigerten, das Opfer für den Kaiser zu vollziehen. In der Folgezeit kommt es immer wieder zu **örtlichen Verfolgungen**; die getöteten Christen heißen Blutzeugen *(Märtyrer)*.
150/200 n. Chr.	erste **Übersetzungen** des (griechischen) **Neuen Testaments** ins Lateinische
249 n. Chr.	**erste allgemeine Christenverfolgung** unter Kaiser **Decius**
303–311 n. Chr.	**letzte und schwerste Christenverfolgung** unter Kaiser **Diocletian**. In der allgemeinen Unsicherheit gelten die Christen, soweit sie nicht durch das Opfer für den Kaiser bedingungslose Unterwerfung zeigen, als gefährliche Staatsfeinde.
ab 311 n. Chr.	**Ende der Verfolgungen**; das Christentum wird den anderen Religionen gleichgestellt, die Kaiser fördern und bevorzugen es, während die alten, ‚heidnischen' und die konkurrierenden Religionen absterben oder bekämpft werden (Judentum!). Zugleich gibt es innerkirchliche Auseinandersetzungen um die richtige Lehre, in die die Kaiser zunehmend hineingezogen werden (Donatistenstreit; christologischer Streit).
391 n. Chr.	Das **Christentum** in seiner orthodoxen Form wird alleinige **Staatsreligion**.

Die weitere Entwicklung des Reiches

Konstantin setzte auch die Verwaltungsreformen fort und machte zudem Konstantinopel am Bosporos zur neuen Hauptstadt des Reiches. Rom büßte damit seine angestammte Position als Zentrum ein; der Schwerpunkt des Reiches verlagerte sich zunehmend in den Osten. Ab der Mitte des 4. Jahrhunderts n. Chr. wurde der Schutz der Grenzen, besonders an Rhein und Donau, immer mehr zum Problem. Die Goten, die 376 die Donau überschritten, schlugen Kaiser Valens 378 vernichtend bei Adrianopel. Kaiser Theodosius I. (379–395), unter dem das Christentum offiziell Staatsreligion wurde, gelang es, die Gotengefahr 382 durch einen umfassenden Friedensvertrag zunächst zu bannen, jedoch um den Preis einer Ansiedlung der Goten auf römischem Boden. Seither spielten die tief ins Reich eingedrungenen Fremden eine politisch entscheidende Rolle, zumal sich die Kaiser auch zunehmend auf germanische Truppen im Heer stützen mussten, deren Kommandeure (‚Heermeister') auch politische Ambitionen hatten. Die Germanen waren zugleich Verbündete und Feinde des römischen Staates, der seine Untertanen immer weniger gegen die Übergriffe der neuen Mitbewohner zu schützen imstande war. Immerhin wurde unter der Herrschaft von Theodosius I. das Römische Reich noch einmal unter einer einheitlichen Regierungsgewalt zusammengefasst – letztmals, wie sich bald zeigen sollte.

Die faktische (nicht rechtliche!) **Teilung des Reiches** unter Theodosius' Söhnen Arcadius und Honorius (395 v. Chr.) wurde die Grundlage für die spätere Spaltung in ein Oströmisches (später Byzantinisches) und ein Weströmisches Reich. Das Weströmische Reich blieb nur noch einige Jahrzehnte bestehen; auf seinem Boden gründeten die früheren germanischen Verbündeten eigene Königreiche, die zur Grundlage der Staatenwelt des frühen Mittelalters werden sollten (Frankenreich!). 410 plünderten die Westgoten Rom, 455 die Wandalen. 476 setzte der germanische Heerführer Odoaker den letzten, längst bedeutungslos gewordenen weströmischen Kaiser ab und schickte ihn in Rente. Sein Name war übrigens Romulus; insofern schloss sich an dieser Stelle der Kreis der mehr als 1200-jährigen Geschichte Roms seit der mythischen Gründung. Es endete aber auch – zumindest im Westen – das Kaisertum an sich; der letzte Kaiser trug den Namen des ersten in einer verkleinerten Form: Augustulus, der kleine Augustus.

Damit erlosch das Weströmische Reich. Es lebte jedoch insofern fort, als die Germanen das aufgezeichnete römische **Recht** in einer vereinfachten Form übernahmen (Vulgarrecht). Zugleich fand die vorher im Kaiser repräsentierte **Einheit der öffentlichen Gewalt** in gewisser Weise einen Nachfolger in Gestalt des römischen **Papsttums**, das sich aus der mehrköpfigen Kirchenorganisation am Ende als einziges Haupt der Christenheit behaupten konnte. Das Verschwinden des römischen Kaisers im Westen war also auch die Voraussetzung für den Aufstieg des römischen Papstes.

Kaiser Theodosius I. ließ solche Silberscheiben (sog. Missorien) bei besonderen Anlässen wie Regierungsjubiläen, hier 388 n. Chr., als Geschenke herstellen.
Das Bild zeigt deutlich das gewandelte Herrschaftsverständnis des Kaisers: Er steht nicht mehr im Mittelpunkt von Handlungen wie Trajan, sondern erscheint als entrückte, gottnahe Gestalt. Das Gesicht hat keine individuellen Züge und ähnelt auch hierin bereits mittelalterlichen Herrscherdarstellungen.

Das Oströmische Reich konnte sich dagegen stabilisieren; Kaiser **Justinian** (527–565) versuchte sogar noch einmal, das Gesamtreich wiederherzustellen. Mit dem Scheitern dieses Versuchs begann endgültig die Sonderentwicklung des Oströmischen Reiches zum **Byzantinischen Reich**, das ganz griechisch geprägt war und erst 1453 mit der Eroberung Konstantinopels durch die Türken sein Ende fand. Die politisch-religiöse **Einheit der Mittelmeerwelt** hatte jedoch schon lange vorher, spätestens im 8. Jahrhundert, ihr Ende gefunden und einer **Dreiteilung der Mittelmeerwelt** in eine weströmisch-germanische, eine byzantinische und eine arabische Sphäre Platz gemacht. Das antike Erbe lebte jedoch in allen drei Zivilisationen fort.

Quellen und Literatur

Nachschlagewerke

Der Große Ploetz. Die Enzyklopädie der Weltgeschichte. Göttingen: Vandenhoeck & Rupprecht, 35., völlig neu bearbeitete Auflage 2008; darin: Uwe Walter: Griechenland vom Ende der Bronzezeit bis 500 v. Chr. (S. 131–150); Das klassische Griechenland 499–322 v. Chr. (S. 150–175); Römische Geschichte bis 44 v. Chr. (S. 189–233).

Stefan Link: Wörterbuch der Antike. Mit Berücksichtigung ihres Fortwirkens. Stuttgart: Kröner ^{11}2002.

Hans-K. und Susanne Lücke: Antike Mythologie. Ein Handbuch. Wiesbaden: Marix 2005.

Dies.: Helden und Gottheiten der Antike. Ein Handbuch. Wiesbaden: Marix 2006.

Allgemeine und vertiefende Darstellungen

Werner Dahlheim: Die Antike. Griechenland und Rom von den Anfängen bis zur Expansion des Islam. Paderborn, Schöningh ^{4}1995 *(sehr gut lesbare Darstellung mit klaren Akzenten: „Herrschaft und Freiheit" für die griechische Geschichte, „Stadt und Imperium" für die römische. Zahlreiche Abbildungen, Karten und Übersichten. Der Wirkungsgeschichte der Antike ist ein eigenes Kapitel gewidmet.).*

Hans-Joachim Gehrke: Kleine Geschichte der Antike. München: C. H. Beck 1999 *(bezieht auch den Alten Orient ein. Der erste Satz lautet: „Die Geschichte beginnt mit Gewalt, genauer: mit der Organisation von Gewalt." Zahlreiche, gut erklärte Abbildungen, die in der Taschenbuchausgabe [dtv] fehlen).*

Hans-Joachim Gehrke, Helmuth Schneider (Hrsg.): Geschichte der Antike. Ein Studienbuch. Stuttgart: Metzler, 3., erweiterte Auflage 2010 *(dichte Zusammenfassung des Forschungsstandes).*

Raimund Schulz: Die Antike und das Meer. Darmstadt: Primus Verlag 2005 *(Erst die Verbindungen zur See und die mit der maritimen Lebensform verbundene Mentalität des Wagnisses, des Gewinnstrebens und des Lernens ermöglichen die „ununterbrochene Vernetzung mediterraner Kulturen über alle staatlichen, städtischen und ethnischen Grenzen hinweg").*

Peter Connolly/Hazel Dodge: Die antike Stadt. Das Leben in Athen und Rom. Köln: Könemann 1998 *(ausgezeichnete Rekonstruktionen!).*

John Boardman (Hrsg.): Reclams Geschichte der antiken Kunst. Stuttgart: Reclam 1998.

Adolf Borbein (Hrsg.): Das Alte Griechenland. Kunst und Geschichte der Hellenen. Gütersloh: Bertelsmann 1995 *(opulenter Bildband).*

Heinrich Krefeld (Hrsg.): Hellenika. Einführung in die Kultur der Hellenen. Berlin: Cornelsen [8]2002 *(Realienbuch für den Griechischunterricht).*

Thomas A. Szlezák: Was Europa den Griechen verdankt. Von den Grundlagen unserer Kultur in der griechischen Antike. Tübingen: UTB Mohr Siebeck 2010 *(betont u. a. Individualität, Geschichtsbewusstsein und den Glauben an den ethischen Wert von Kunst und Kultur als Erbschaften der Griechen an unsere Zeit).*

Hölkeskamp, Karl-Joachim/Elke Stein-Hölkeskamp (Hrsg.): Die griechische Welt. Erinnerungsorte der Antike. München: C. H. Beck 2010 *(Bietet in 33 Essays ein Panoptikum all dessen, was die Griechen aus europäisch-westlicher Perspektive einzigartig, historisch-kulturgeschichtlich bedeutsam und vorbildhaft gemacht hat).*

Raimund Schulz: Kleine Geschichte des antiken Griechenland. Stuttgart: Reclam, 2., ergänzte Auflage 2010 (*Drei Leitaspekte schaffen Orientierung: Die Griechen entfalteten ihre Lebensordnung am geographischen Rand des Raums zwischen Anatolien, Ägypten und Iran; diese Randstellung, verbunden mit kargen naturräumlichen Voraussetzungen habe „die griechische Halbinsel lange vor der Begehrlichkeit östlicher Territorialmächte bewahrt, andererseits jedoch das Bedürfnis zumal der griechischen Eliten geweckt, den viel mächtigeren Reichen des Ostens originäre Leistungen und Eigenschaften entgegenzustellen". Aus Mangel und Randständigkeit erwuchs eine weitere Eigenheit der Hellenen, ihre „ungewöhnliche Mobilität – auch dies eine Überlebensstrategie von Menschen, die den Mächtigen ihre Dienste anbieten, um sich zu behaupten". Als drittes Merkmal könne gelten, dass die „Austauschprozesse, die Bildung politischer Organisationsformen und das Selbstverständnis der Individuen in einem hohen Maße von militärischer Gewalt bestimmt waren"*.).

Michael Stahl: Gesellschaft und Staat bei den Griechen. Archaische Zeit. Klassische Zeit. 2 Bände. Paderborn: UTB Schöningh 2003 *(konzentriert sich ganz auf die Lebensordnung im Oikos, die Vergemeinschaftung in der Polis und den athenischen Bürgerstaat, vollendet in der Demokratie).*

Peter Funke: Athen in klassischer Zeit. München: C. H. Beck 1999.

Gregor Weber (Hrsg.): Kulturgeschichte des Hellenismus. Von Alexander dem Großen bis Kleopatra. Stuttgart: Klett-Cotta 2007 *(gut lesbare Einzelbeiträge zu allen Bereichen der hellenistischen Welt).*

Michael Siebler: Olympia. Ort der Spiele, Ort der Götter. Stuttgart: Klett-Cotta 2004.

Klaus Bringmann: Römische Geschichte. München: C. H. Beck ^{9}2006 *(guter kurzer Überblick).*

Jochen Martin (Hrsg.): Das Alte Rom. Geschichte und Kultur des Imperium Romanum. Gütersloh: Bertelsmann 1994 *(Gegenstück zu Borbein).*

Armin Müller (Hrsg.): Die Welt der Römer. Münster: Aschendorff ^{7}1999 *(Realienbuch für den Lateinunterricht).*

Karl-Joachim Hölkeskamp/Elke Stein-Hölkeskamp (Hrsg.): Erinnerungsorte der Antike: Rom und sein Imperium. München: C. H. Beck 2006.

Michael Sommer: Römische Geschichte I: Rom und ie antike Welt bis zum Ende der Republik. Stuttgart: Kröner 2013.

Martin Jehne: Die Römische Republik. Von der Gründung bis Augustus. München: C. H. Beck, ^{2}2008 *(vorzüglicher knapper Überblick).*

Tom Holland: Die Würfel sind gefallen. Der Untergang der römischen Republik. Berlin: Econ 2004 *(sehr lesbar; Neuauflage erscheint 2014).*

Michael Sommer: Römische Geschichte II: Rom und sein Imperium in der Kaiserzeit. Stuttgart: Kröner 2009.

Eckhard Meyer-Zwiffelhoffer: Imperium Romanum. Geschichte der Römischen Provinzen. München: C. H. Beck 2009 *(Das Römische Reich zeichnete sich vor anderen Imperien der Geschichte dadurch aus, dass es seine provinzialen Gebiete im Laufe der Zeit vollständig integrierte und den Unterschied zwischen herrschender Gesellschaft und unterworfenen Gemeinwesen aufhob. Möglich war diese Integration nur im Rahmen der Monarchie.).*

Averil Cameron: Das späte Rom 284–430. München: dtv 1994.

Peter G. Stein: Römisches Recht und Europa. Frankfurt: Fischer 1996.

Einzelne Personen

Kai Brodersen (Hrsg.): Große Gestalten der griechischen Antike. München: C. H. Beck 1999 *(Sammlung biographischer Essays).*

Robin Lane Fox: Alexander der Große. Eroberer der Welt. Stuttgart: Klett-Cotta 2004 *(glänzend geschriebene Biografie, die Alexanders Orientierung an mythischen Vorbildern ernst nimmt und in die Erklärung seines Handelns einbezieht).*

Karl-Joachim Hölkeskamp/Elke Stein-Hölkeskamp (Hrsg.): Von Romulus zu Augustus. Große Gestalten der römischen Republik. München: C. H. Beck 2000.

Martin Jehne: Caesar. München: C. H. Beck 1996.

Manfred Clauss (Hrsg.): Die römischen Kaiser. München: C. H. Beck 1997.

Werner Dahlheim: Augustus. Aufrührer – Herrscher – Heiland. Eine Biographie. München: C. H. Beck 2010.

Bruno Bleckmann: Konstantin der Große. Reinbek: rororo 1997.

Mischa Meier: Justinian. Herrschaft, Reich und Religion. München: C. H. Beck 2004.

Quellensammlungen

Geschichte in Quellen. Hrsg. von Wolfgang Lautemann und Manfred Schlenke, Bd. I: Altertum. Alter Orient – Hellas – Rom, bearb. von Walter Arend. München: bsv 1965, ^{3}1978.

Hans-Joachim Gehrke, Helmuth Schneider (Hrsg.): Geschichte der Antike – Quellenband. Stuttgart/Wetzlar: Metzler 2007.

Die griechische Polis. Quellen zur griechischen Geschichte 800–400 v. Chr. Bearbeitet von Michael Stahl. Paderborn: Schöningh 1989.

Antike und moderne Demokratie. Ausgewählte Texte. Hrsg. und eingeleitet von Klaus Stüwe und Gregor Weber. Stuttgart: Reclam 2004.

Rolf Rilinger (Hrsg.): Leben im Alten Rom. Ein Lesebuch. München/Zürich: Piper 1989.

Römisches Recht in einem Band. Ausgewählt, aus dem Lateinischen übersetzt, eingeleitet und kommentiert von Liselot Huchthausen. Berlin/Weimar: Aufbau Verlag ^{2}1983.

Stichwortverzeichnis

Weniger gängige antike Eigennamen und Begriffe sind zur richtigen Aussprache mit einem Akzent auf der in der deutschen Sprache betonten Silbe versehen. Die Epochenübersichten und Schaubilder sind nicht einbezogen. Rückwärts gezählte Perioden bezeichnen Jahre vor Christi Geburt.

Achaia 87
Achilleus 19, 28 f., 57
Ackergesetz 91
Actium 90–96
Adel 18 f., 21, 26, 30, 32, 33 ff., 62, 65, 67, 69, 71, 76, 95, 97, 111
Adelsherrschaft 26
Ädil 71 f., 77
Adrianopel 120
Afghanistan 57
Afrika 27, 87, 116
Ägäis/Ägäische Inseln 8, 52, 55
Ägäische Bronzezeit 3
Ager publicus 90 f.
Ager Romanus 84
Agora 15, 22, 25, 35 f., 39, 43, 59
Agrarpolitik (in Rom) 90 ff.
Agricola, Julius 106
Ägypten 4, 53, 57 f., 63, 96, 103
Aigospotamoi 55
Aischylos (ca. 525–456) 45
Aíther 49
Akropolis 41 ff., 51 f.
Alemannen 115 f.
Alexander d. Gr. (356–323) 4, 28 f., 57–60
Alexandria 4, 58
Alpen 63
Alphabet 3
Amphipolis 55
Ämter/Amtsträger 12, 15, 20 f., 38 ff., 54, 69–75, 79, 81, 99, 111
Anatolien 106
Andromache 19
Annuität 69, 74
Antigone 44 ff.
Antigoniden 57
Antiochia 4
Antíochos III. (hellenist. König) 87
Antonius, Marcus (Triumvir) 96
Apennin 64 f.
Apoikia 23
Apollon 51 f.
Apostel 119
Aquae Sextiae 93
Araber/Arabien 57, 63, 103, 117, 121
Arabische Expansion 4
Archaische Zeit 3, 5, 11, 19, 27, 31
Archidamischer Krieg 431–421) 55
Archon/Archontat 33 f., 38 f.,
Arendt, Hannah 28
Areopag 12, 34, 38, 43
Argiver 25
Aristieideal 18, 27
Aristokrat/-ie s. a. Adel 3, 10, 18–21, 23, 32, 34, 36, 41, 60, 67, 71, 74 f., 77–82, 94, 96, 99, 103 f., 107, 111
Aristophanes (447–385) 44

Aristoteles (384–322) 9, 11, 25, 48, 56, 60, 113
Asia (röm. Provinz) 87
Askese 30
Astarte 58
Atargatis 58
Athen/Athener 8 ff., 12, 21, 23, 25 f., 31–44, 48, 52–56, 58, 87
Athena (Göttin) 41, 43, 52
Athenische Demokratie 13, 26, 37–40, 75
Attika 25, 31, 35 f., 55
Attischer Seebund 4, 8, 41, 53 ff.
Auctoritas 111 f.
Aufklärung 48
Augustulus 120
Augustus, Imperator Caesar (63 v. Chr. – 14 n. Chr.) 62 f., 67, 88, 95–100, 103
Autarkie 11
Autonomie 11, 15
Autorität siehe Auctoritas
Auxiliartruppen 108

Baal 58
Babylon 57 f.
Balkan 63, 103
Barbaren 42, 47 f., 59, 102, 108 f., 115
Basileia/Basileús 10, 18 f.
Bauer 25, 32, 68 f., 78 f., 90 f., 93
Benevent 105
Boiotischer Bund 8
Bologna 113
Boulé s. Rat
Brasidas (Spartaner) 55
Britannien 63, 106
Bronze 3
Bronzezeit 5, 15–18,
Brutus, Marcus 67, 95
Boulé siehe Rat der 500
Brundisium 85
Bundesgenossen 79, 84–88, 92, 94
Bundesgenossenkrieg (91–89) 85, 87 f., 93
Bundesgenossensystem, römisches 83 f.,
Bundesstaat s. Koinon
Bündnisvertrag (Foedus) 83, 108
Burckhardt, Jacob 26, 51
Bürger 9 f., 13, 26, 33, 36 f., 39 ff., 76, 80, 92, 105
Bürgergemeinschaft 14 f., 66, 74
Bürgerkrieg 9, 14, 32, 74, 80 f., 95, 97 f., 101, 103, 115
Bürgerliches Gesetzbuch 110
Bürgerlisten 36
Bürgerrecht 8, 84 f., 107
Bürgerschaft 9, 11 f., 15, 21 ff., 26, 34 f.,
Bürgerstaat 4, 7, 15, 22, 24, 27, 34, 44
Burgunder 116
Byzantinisches Reich 60, 63, 120 f.

Caecus, Appius Claudius 85
Caesar, Gaius Iulius (100–44) 62 f., 67, 74, 76 f., 80 ff., 88, 94 ff., 99, 101
Caligula (37–41 n. Chr.) 99
Cannae 83
Cassius, Gaius 95
Catilina, Lucius Sergius (ca. 108–62) 82
Catilinarische Verschwörung 82
Cato, Marcus Porcius (234–149) 71, 73
Censor/Censur 73, 77

Chaironeia (Schlacht 338 v.Chr.) 56
Chaos 49, 102
Checks and balances 13
Chios 52
Chiote 25
Christentum 11, 60, 62, 116–121
Christenverfolgungen 117 ff.
Cicero, Marcus Tullius (106–43) 71, 89, 95
Cives Romani 84
Codex Iustinianus 112
Corpus Iuris Civilis 112
Crassus, Marcus Licinius (115–53) 80, 95
Curien 66

Dakien (heute Rumänien) 63
Dark Ages 3, 5
Decius (röm. Kaiser 249–251) 117, 119
Dekeleisch-Ionischer Krieg 55
Delphi/Delphisches Orakel 3, 30, 51
Demeter 58
Demokratie 7, 10, 21, 26, 28, 34–41, 54, 62, 67, 75
Demos/Demen 36, 38 f.
Denkmäler 86
Despótês 10
Diadóchen/-reiche 4, 57
Diäten (Tagegelder) 41
Dictatur/Dictator 72 f., 80, 94 f., 97, 100
Digesta/Digesten 112 f.
Dikasten (Geschworene) 39
Dike siehe Recht
Diokletian (röm. Kaiser 284–305) 62, 117, 119
Dionysos 43, 44
Direkte Herrschaft 88
Donau 63, 108, 120
Dorer 17
Dorfgemeinschaft 7, 9
Drakon (athen. Gesetzgeber) 31 f.
Drama siehe Tragödie
Dreißig Tyrannen 14
Droysen, Johann Gustav 5
Drusus, Marcus Livius 79
Dysnomie 33

Ekklesia siehe Volksversammlung
Einheitsstaat 5
Eisen 3
Ekstase 30, 59
Eleusis 14, 25, 42
Ellás 2
Empirie 50
Engels, Friedrich 110
Erechtheion 43, 52
Eretria 53
Eros 49
Ethik 44, 77
Ethnos 3, 7 f.
Etrurien 90
Etrusker 24, 65, 67
Euboia 53
Eule (Athen) 40
Eunomie 33
Euripides (ca. 485–407) 44, 52
Europäische Ordnung 100–109
Exekutive 12, 40
Expansion, römische 64, 74, 86–90

Face-to-face-society 15
Failing states 27
Fasces (Rutenbündel) 86
Flaccus, Marcus Fulvius (ca. 168–121 v. Chr.) 79

Foedus siehe Bundesgenossen/Bündnisverträge
Forum 15, 65
Forum Romanum 86, 100
Franken/Frankenreich 116, 120
Frankreich 63
Französische Revolution 67 f., 103, 113
Frauen 8, 22, 25 f., 38
Freie 9
Frieden des Nikias 55
Frühe Neuzeit 28

Gaia 49
Gallien/Gallier 63, 77, 88 ff., 95, 106, 116
Gallischer Krieg 77
Gemeinschaftsaufgaben 18 ff., 104
Gemeinwohl 82
Gentes (Verwandtschaftsverbände) 66
Gericht 20, 38–41, 88
Gerichtshof siehe Heiliaia
Germanen/Germanien 63, 74, 93, 108, 115–117, 120 f.
Gerusie 12
Geschichtsschreibung (griech.) 46–49
Geschichtsschreibung (röm.) 61, 78, 82
Gesetz von Dreros 21
Gesetze/Gesetzgebung 31, 45, 71, 88, 92, 94 f., 99
Gewaltenteilung 12
Gewohnheitsrecht 31
Gladiatorenkämpfe 102
Gleichheit 32, 39 f., 75 f.
Globalisierung 57 f.
Goten 115 f., 119 f.
Götter 11, 13 ff., 19, 23, 25, 29 f., 41 f., 44 f., 49, 58, 68, 74, 86, 117
Gracchus, Gaius Sempronius (Volkstribun 123–22 v. Chr.) 79, 91 f.
Gracchus, Tiberius Sempronius (Volkstribun 133 v.Chr.) 74, 79 f., 91 f.
Graswurzeldemokratie 36
Griechenland (Eroberung durch Rom) 63, 65, 78, 89, 95 f., 103, 121
Griechischer Einfluss auf Rom 66
Gründung Roms 62, 65, 120
Gründungssagen 24, 29, 65
Grundbesitzer 6
Gymnasium 59

Hadrian/Hadrianswall 109, 112
Hallbgott 29
Handwerker 25
Hannibal (ca. 247–183) 71, 75, 83, 87, 90
Häretikerr 118
Haus siehe Oikos
Heer, römisches 66 f., 69, 72, 76 f., 79 f., 88, 93, 95 f., 98, 115, 119 f.
Heiligtum 15, 22, 25, 30, 43, 52
Hektor (homer. Held) 19
Heliaia (Gerichtshof) 34
Hellenen/Hellenismus 4 f., 28, 47, 49, 56–60, 78, 82, 103
Hellespont 57
Heloten 6
Heméra 49
Herakles (griech.) 29, 57, 66
Hercules (röm.) siehe Herakles
Hermes 51
Herodot (ca. 485–425) 35, 47 f., 50

Heros 23, 29, 49
Herrschaft (Begriff) 99
Hesiod (7. Jh. v.Chr.) 7, 49
Hetairie (Gefolgschaft) 34
Hipparchos 35
Hippias 34 f.
Hippokrates 37
Historie 11
Homer (ca. 700 v.Chr.) 3, 5, 19, 24, 28, 58
Homo novus/Homines novi (Aufsteiger) 71, 81
Hopliten/Hoplitenphalanx 3, 22, 34 f., 38
Hunnen 115 f.
Hybris 44

Ideologie, politische 110
Ilias 24, 28
Illyrien 87
Imperator 86, 97
Imperialismus (19. Jh.) 88
Imperium (höchste Befehlsgewalt) 69, 72, 79, 86
Imperium Romanum siehe auch Römisches Reich 61, 101, 103, 110
Indirekte Herrschaft 88
Indus 57
Infrastruktur, römische 61, 85, 106
Institutiones 112
Integration 14, 22, 24, 36, 79, 107 f.
Intercessio (Einspruch) 73
Ion 51 f.
Ionien/Ionier 8, 52, 55
Ionischer Aufstand 53
Isis 58
Islam 11, 59 f.
Isonomie 37, 54
Isthmische Spiele 30
Italien 63, 103, 106, 116
Italiker 65, 93

Jakobinermütze 68
Jerusalem 106
Juden 58, 106, 119 f.
Judikative 12
Jugoslawien 27
Jugurthinischer Krieg (111–105 v. Chr.) 93
Iuppiter Optimus Maximus (röm. Gott) 86
Justinian (röm. Kaiser 527–565) 112, 121

Kaisertum 62, 120
Kaiserzeit 62 f., 86, 100–109
Kalabrien 85
Kampanien 90
Kapitol 86
Karthago 58, 63, 78, 87
Kaukasus 103
Kelten 65, 87
Keltiberer 87
Kimbern 74, 93
Klassik/klassisch 2 f., 4 f., 42–52
Kleinasien 3, 6, 8, 23, 49, 52 f., 57, 63, 87 ff., 94
Kleinräumigkeit 5, 15, 28
Kleisthenes (Athener) 31, 34–42, 52, 54
Kleon (Athener) 55
Kleopatra 5, 96
Klientelwesen 66, 68, 75 f., 79, 88
Knossos 15 f.
Koinon 4 f., 8, 41
Kollegialität 74
Kollektive Erinnerung 14
Kolonien, röm./lat. 76, 79, 83 ff., 90
Kolonisation, Große 23

Königszeit (Rom) 62, 66 ff., 83
Konstantin d.Gr. (röm. Kaiser 306–337) 62, 117, 120
Konstantinopel 4, 60, 120 f.
Konsul/Konsulat 69, 71–74, 76 f., 79, 81 f., 86, 93 ff., 98
Kontinuation (von Ämtern) 74, 92
Konzil 119
Kore 43
Korinth 8, 21 f., 29 f., 55 f., 87
Korsika 87
Kreon 44 f.
Kreta 8, 15
Kreusa 51 f.
Krim 103
Krise der Römischen Republik 62, 114–121
Kroisos 47
Kult 9, 14, 22, 30, 35, 52, 58, 98
Kumulation (von Ämtern) 74
Kybele 58
Kynoskephalai (Stadt in Thessalien) 87
Kyrene (Stadt in Nordafrika) 23, 25
Kyros 51

Landverteilung 84, 92 f.
Langobárden 116
Lateinische Schrift 24, 103, 108
Latiner 65, 84
Latinerbund 84
Latino-Falisker 65
Latium 63, 83, 85, 90
Legat 102
Legion/Legionär 83, 93, 115
Legislative 12
Legitimität 79 f., 82, 99
Lepidus, Marcus Aemilius (Triumvir) 96
Liktoren 86
Limes 108
Linear B – Schrift 3, 16
Logos 50
Losverfahren 38 f.
Lyder 47
Lysander 29, 55

Macht (Begriff) 99
Magistrat siehe auch Amtsträger 21, 66, 72, 74 f.,
Makedonien 4 f., 53, 56 ff., 87
Makedonische Kriege 87
Marathon 53
Marc Aurel (röm. Kaiser 161 –180) 115
Marius, Gaius (156–86) 71, 74, 79, 93
Marsfeld 86
Märtyrer 119
Massalia (Marseille) 23
Mathematik 11
Maximinus Thrax (röm. Kaiser 235 – 238) 115
Mégara (greich. Polis) 27
Mesopotamien 53, 60
Metoíken 9, 26
Milet 53
Migration 3
Militärdiktatur/Militärmonarchie 96, 115
Minoisch –mykenische Kultur 3, 15–18
Mithradates von Pontos (132 – 63 v. Chr.) 88, 94 f.
Mithras 58
Mittelalter 8, 28, 62, 110, 113, 120 f.
Mittelgriechenland 55

Mittelitalien 67
Mittelmeer 63, 86–89, 95, 103, 109, 121
Mittlerer Osten 63
Monarchie 26, 62, 67, 73, 76, 80, 96–100 f.
Mos Maiorum 13, 71, 78, 94, 98
Moses 51
Municipia siehe Selbstverwaltung
Münzen/Münzwesen 3, 24, 60, 66, 103
Mutilus, C. Papius 93
Mykene 15, 23
Mythos/Mythen 3, 14, 27, 30, 44, 49–52, 57

Nationalökonomie 7
Neapel 23
Neokles 37
Nero (54–68 n. Chr.) 99, 119
Neues Testament 2, 119
Neuhumanismus 2
Neuzeit 113
Nobilität/Nobiles 70–97, 101
Nomos siehe Gesetz
Nordafrika 23, 63, 87, 93, 95, 103, 106
Norditalien 95
Numantia 87
Nyx 49

Oberitalien 87
Ödipus 51
Odoaker (germ. Heerführer) 120
Odyssee 24
Odysseus 50
Öffentlichkeit 32, 40, 75
Ökonomie s. a. Oikos
Oikos 6 f., 23, 33
Oktavian siehe Augustus
Oligarchíe 10
Olympia/Olympische Spiele 3, 30
Opfer 11, 13 f., 25, 29 f., 50, 74, 86, 98, 117
Orestie 45
Orient 103, 114
Orthodox 118 f.
Osmanische Eroberung 4
Ostrakismos (Scherbengericht) 37
Oströmisches Reich 63, 120 f.

Palastkulturen 3, 15 –18
Palatinischer Hügel 101
Palaverkultur 7
Panhellenismus 30
Papsttum 121
Parthenon-Tempel 42
Parther 63
Partizipation
siehe Politische Partizipation
Patriziat/Patrizier 62, 67 ff., 71
Patron 66, 68, 76, 93, 96 f.
Paulus (Apostel) 107, 119
Pax Romana 106
Pedarii (Fußvolk) 76
Peisistratos (athen. Tyrann) 34
Peloponnes 5, 15
Peloponnesischer Bund 4, 55
Peloponnesischer Krieg (431–404) 4 f., 29, 44, 46 ff., 55 f.
Pergamon (Stadt in Kleinasien) 58, 87
Perikles (ca. 495–429) 39, 54 f.
Periodisierung 4
Perser/Persien 41, 55, 115, 117
Perserkriege (490–479) 4, 35, 40, 46 f., 53 f.
Perserkönig 10

Perserreich 53, 114
Personenverband 8, 36
Phalanx 68
Philía (Freundschaft) 41
Philipp II. (makedon. König) 56 f.
Philipp V. (makedon. König) 87
Philippi 96
Philosophie siehe auch Politische Philosophie 10 f., 48, 56, 58, 111
Phönizier 23 f.
Phratrien 21, 25
Phylen 21, 25, 34, 36, 38 f., 52, 66
Pinakothek 43
Piräus 55
Plataiai (Schlacht 479 v.Chr.) 53
Platon (429–347) 9, 11, 56
Plebejer 62, 68, 71 f., 92
Plünderung Roms (410 n. Chr.) 63
Po-Ebene 65, 83, 85
Polis 3, 5–30, 32–35, 39, 44, 50, 53, 56, 59
Polis-Götter 3, 30
Politeia 9 ff.,
Politische Kultur 7
Politis (Bürgerin) 9
Politische Partizipation 2, 9, 13, 31, 35, 40
Politische Philosophie 9–12, 28
Polytheismus 29
Pompeius, Gnaeus (106–48) 80 ff., 95
Populus 80
Porträt 73, 94
Poseidon 50
Prätor/Prätur 69, 71 f., 89, 94, 111
Praetor maximus 54, 61, 67, 73
Preußen 8
Priesterämter/Priesterschaft 14, 25, 30, 41 ff., 44, 50, 73 f., 86, 98
Princeps Augustus 80, 100
Prinzipat 62, 64, 96–100, 111
Probouleuma 39
Prokonsul 94 f.
Proletariat/Proletarier 78 f., 90
Promagistrate 72, 94
Prometheus 45
Proprätor siehe Prätor
Propyläen 43
Proskriptionen 80, 98
Provinzen, römische 74, 87 ff., 94, 96 f., 101 f., 104–108
Provinzialkultur 59
Prozession 25, 29
Prytanen/Prytanie 39
Ptolemäer/ptolemäisch 4, 57 f.
Ptolemaios 60
Pulcher Appius Claudius 91
Punische Kriege 63, 87, 90
Pyrrhos 63, 83
Pythische Spiele 30

Quästor 71 f., 89

Rat 20, 39
Rat der 400 34
Rat der 500 12, 36, 38
Recht 44 f.
– römisches 72, 88, 110–113, 120
Rechtsliteratur 112
Rechtssicherheit 32, 62
Religion 11, 13 ff., 24 f., 29 f., 44, 57 f., 65 f., 85, 117 ff.
Religionskriege 30
Republik 67, 78, 89, 104, 111
Res publica siehe Römische Republik
Res publica restituta 97
Revolutionen allg. 13
Rhein 95, 106, 108, 115, 120
Rhetorik 56, 78

Rhodos 87
Rhône 116
Richter 96, 111
Ritter 92
Römische Kaiserzeit 4, 59 f.
Römische Republik 62, 64, 69–82, 89, 93, 96–100
Römisches Reich 4, 60, 82, 96, 100–109, 116, 119 f.
Rom (als Stadt) 12, 15, 21, 92, 97, 100, 120 f.
Romanisierung 107
Romulus/Remus 51, 65 f., 120
Rousseau, Jean-Jacques 48
Rubicon 95
Rumänien 116
Russland 103

Salamis 33, 53
Sallust (ca. 86–34) 66, 70, 78
Samnitenkriege 63, 83
Samnium 85
Samos 52
Sardinien 87
Sassaniden 115
Satyrspiel 44
Schatz des Primos 15
Schrift/Schriftkultur 23 f., 28, 65
Schuldenschnitt siehe seisachtheia
Schuldknechtschaft 68
Scipio, Publius Cornelius 87
Seisachtheia 33
Selbstbestimmung 28, 36
Selbsthilfe 31 f.
Selbstverwaltung 36, 84, 89
Seleukiden 57, 59
Senat/Senator 12, 62, 67, 70–74, 76, 78 f., 81 f., 86, 92, 94 f., 97–100, 102, 107, 115
Septimius Severus (röm. Kaiser 193–211) 97, 115
Septuaginta 58
Sieben Weise 34
Sitte der Vorfahren siehe Mos Maiorum
Sizilien 23, 55, 63 ff., 87, 89
Sklaven 6, 9 f., 25 f., 32, 48, 68, 90
Sokrates 10, 28
Soldatenkaiser 115
Solon (Athener) 31 ff.
Sophokles (496–406) 44 ff.
Souveränität 15, 84
Soziale Kontrolle 7, 25
Spanien 63, 87, 90, 95, 103, 106, 116
Sparta 4, 6, 8, 12, 14, 23, 35, 53, 55 f.
Spätantike 62, 64, 72, 112, 114–121
Staatsreligion 119
Stadtstaat s. Polis
Stamm s. a. Phyle 7
Stammstaat s. Ethnos
Ständekämpfe 62, 68, 81 f., 84
Stasis 11, 14, 27, 32, 34
Statthalter 84, 88 f., 97, 101 f., 104, 106 f.
Steuererhebung 88 f., 117
Stoa 43
Strategen 38 f.
Subsidiaritätsprinzip 104
Subsistenzwirtschaft 6, 32, 90
Südfrankreich 23, 63, 93, 106
Süditalien 64 f., 85, 87, 90
Sulla, Lucius Cornelius (138–78) 79, 81, 94
Symposium 3, 36
Synode 118 f.
Syrakus 23

Syrien 4, 58, 63, 87, 103

Tacitus, Cornelius (ca. 55–120) 106
Taglöhner 6, 25
Tarquinius Superbus 67
Tempel 1, 3, 13, 15, 24 f., 30, 41 f., 51, 100, 106, 109
Tetrarchie 117
Teutonen 74, 93
Theben 8, 44 f., 56
Themistokles 37, 53
Theodosius I. (röm. Kaiser 379–395) 120
Theokratie 13
Theologie 11, 13, 118
Theoría 10
Thermopylen 53
Thessalien 5, 55, 87
Theten 34,
Thrakien 53
Thukydides (ca. 460–400) 48 ff.
Thüringer 116
Tiber 65
Timokratie 69
Totaler Staat 13
Tradition 44
Tragödie 4, 27, 44–47, 51
Trajan (Kaiser 98–117) 63, 105, 107, 121
Tribun/Tribunat siehe auch Volkstribun
Tribus 66
Tributkomitien 69
Triëre (Dreiruderer) 35, 54
Trittyen 36
Triumph 97
Triumphbogen 105
Triumphzug 86
Triumvirat 80, 95–98
Troja 19
Trojanischer Krieg 51
Tyrann/Tyrannis 3, 10, 21, 25 f., 33 ff., 53, 62, 67, 99

Unteritalien 23 f., 83
Utopie 12

Valens (röm. Kaiser 364–378) 120
Valerian (röm. Kaiser 253–260) 117
Vandalen 63
Varus 63
Vasenmalerei 51
Verbündete siehe auch Bundesgenossen
Vercellae 93
Vereinigte Staaten 103
Verfassung (Griechenland) 9, 13, 20, 34
Verfassung (Rom) 63, 70–82, 91, 94, 97 f.,
Verres 89
Veto -Recht 71
Via Appia 85
Via Sacra 86
Vielvölkergemeinschaft 106
Vierkaiserjahr (68/69 n. Chr.) 103
Völkerwanderung 7, 61 f., 115 f.
Volksgericht 12
Volkstribune 68, 71 f., 79 ff., 91 f., 94, 98
Volksversammlung 10 ff., 20, 22, 34, 36, 38 ff., 54, 66, 68, 73, 75, 91 f.. 98 f.,

Wandalen 116, 120
Weltmacht Rom 61, 63, 78, 83–89, 100, 102 f., 109

Westgoten 63
Westgriechenland 55
Weströmisches Reich 120
Wirtschaft 34, 68 f., 90, 102, 106, 115
Wissenschaft 10 f., 58, 111

Xenophon 7
Xerxes (Perserkönig) 47, 53

Zensuswahlrecht 8
Zenturiatkomitien 68
Zeus 43
Zivilisation 45, 107, 109, 121
Zôon politikón 9
Zwölftafelgesetz (ca. 450 v. Chr.) 31, 62, 69

Bildnachweis

Titelbild: getty images / DEA / G. Dagli Orti
S. 1: Image Bank, Fotograf: Steve Dunwell
S. 20, 35, 37: bpk / Scala
S. 22: Museo Nazionale Etrusca di Villa Giulia, Roma
S. 29: Ekdotike, Athen
S. 40: picture-alliance / akg-images / Erich Lessing
S. 41: Toronto, Royal Ontario Museum 962.229.16
S. 38, 100: Peter Conolly, London
S. 54: picture-alliance / akg-images
S. 57: picture-alliance / akg-images / Erich Lessing
S. 60: © Georgios Kollidas / iStockphoto.com
S. 61: ullstein bild - AKG
S. 67: picture-alliance / akg-images
S. 98: Deutsches Archäologisches Institut
S. 101: picture alliance / Arco Images GmbH
S. 105: Adam91, http://commons.wikimedia.org/wiki/File: Arco_di_Traiano-Benevento.JPG, lizenziert unter Creative Commons Attribution-Share Alike 3.0
S. 109: © Alan Crawford / iStockphoto.com
S. 115: Museo Nazionale Romana, Rom/Scala
S. 120: Hirmer Fotoarchiv, München

Wir danken allen Rechteinhabern für die Abdruckerlaubnis.
Der Verlag war bemüht, die Urheber der abgedruckten Bilder und Texte ausfindig zu machen. Wo dies nicht gelungen ist, bitten wir diese, sich ggf. an den Verlag zu wenden.

Sicher durch das Abitur!

Effektive Abitur-Vorbereitung für Schülerinnen und Schüler:
Klare Fakten, systematische Methoden, prägnante Beispiele sowie Übungsaufgaben auf Abiturniveau mit erklärenden Lösungen zur Selbstkontrolle.

Deutsch

Dramen analysieren und interpretieren	Best.-Nr. 944092
Erörtern und Sachtexte analysieren	Best.-Nr. 944094 (e)
Gedichte analysieren und interpretieren	Best.-Nr. 944091
Epische Texte analysieren und interpretieren	Best.-Nr. 944093 (e)
Abitur-Wissen Erörtern und Sachtexte analysieren	Best.-Nr. 944064
Abitur-Wissen Textinterpretation Lyrik · Drama · Epik	Best.-Nr. 944061
Abitur-Wissen Deutsche Literaturgeschichte	Best.-Nr. 94405
Abitur-Wissen Prüfungswissen Oberstufe	Best.-Nr. 94400 (e)
Kompakt-Wissen Rechtschreibung	Best.-Nr. 944065 (e)
Kompakt-Wissen Literaturgeschichte	Best.-Nr. 944066
Klausuren Deutsch Oberstufe	Best.-Nr. 104011

Englisch

Übersetzung	Best.-Nr. 82454
Grammatikübungen	Best.-Nr. 82452 (e)
Themenwortschatz	Best.-Nr. 82451
Grundlagen, Arbeitstechniken, Methoden mit Audio-CD	Best.-Nr. 944601
Sprachmittlung	Best.-Nr. 94469
Sprechfertigkeit mit Audio-CD	Best.-Nr. 94467
Klausuren Englisch Oberstufe	Best.-Nr. 905113 (e)
Abitur-Wissen Landeskunde Großbritannien	Best.-Nr. 94461
Abitur-Wissen Landeskunde USA	Best.-Nr. 94463
Abitur-Wissen Englische Literaturgeschichte	Best.-Nr. 94465
Kompakt-Wissen Abitur Wortschatz Oberstufe	Best.-Nr. 90462
Kompakt-Wissen Abitur Landeskunde/Literatur	Best.-Nr. 90463
Kompakt-Wissen Kurzgrammatik	Best.-Nr. 90461
Kompakt-Wissen Grundwortschatz	Best.-Nr. 90464 (e)

Französisch

Sprachmittlung · Übersetzung	Best.-Nr. 94512
Themenwortschatz	Best.-Nr. 94503
Klausuren Französisch Oberstufe mit MP3-CD	Best.-Nr. 105011
Abitur-Wissen Französische Literaturgeschichte	Best.-Nr. 94506
Kompakt-Wissen Abitur Wortschatz Oberstufe	Best.-Nr. 945010 (e)
Kompakt-Wissen Abitur Kurzgrammatik	Best.-Nr. 945011

Latein

Abitur-Wissen Lateinische Literaturgeschichte	Best.-Nr. 94602 (e)
Abitur-Wissen Römische Philosophie	Best.-Nr. 94604
Abitur-Wissen Prüfungswissen Latinum	Best.-Nr. 94608 (e)
Klausuren Latein Oberstufe	Best.-Nr. 106011 (e)
Kompakt-Wissen Abitur Basisautoren Oberstufe	Best.-Nr. 946010 (e)
Kompakt-Wissen Kurzgrammatik	Best.-Nr. 906011 (e)

(e) Alle so gekennzeichneten Titel sind auch als eBook über **www.stark-verlag.de** erhältlich.

Spanisch

Themenwortschatz	Best.-Nr. 94541
Klausuren Spanisch Oberstufe	Best.-Nr. 105411
Kompakt-Wissen Wortschatz Oberstufe	Best.-Nr. 945401 (e)

Erdkunde/Geographie

Geographie Oberstufe	Best.-Nr. 949098 (e)
Geographie 1 – Bayern	Best.-Nr. 94911 (e)
Geographie 2 – Bayern	Best.-Nr. 94912 (e)
Geographie 2014 – Baden-Württemberg	Best.-Nr. 84906
Geographie – NRW Grundkurs · Leistungskurs	Best.-Nr. 54902 (e)
Prüfungswissen Geographie Oberstufe	Best.-Nr. 14901
Abitur-Wissen Entwicklungsländer	Best.-Nr. 94902
Abitur-Wissen Europa	Best.-Nr. 94905
Abitur-Wissen Der asiatisch-pazifische Raum	Best.-Nr. 94906
Kompakt-Wissen Abitur Erdkunde Allgemeine Geografie · Regionale Geografie	Best.-Nr. 949010
Kompakt-Wissen Abitur – Bayern Geographie Q11/Q12	Best.-Nr. 9490108 (e)

Politik

Abitur-Wissen Demokratie	Best.-Nr. 94803
Abitur-Wissen Sozialpolitik	Best.-Nr. 94804 (e)
Abitur-Wissen Die Europäische Einigung	Best.-Nr. 94805 (e)
Abitur-Wissen Politische Theorie	Best.-Nr. 94806
Abitur-Wissen Internationale Beziehungen	Best.-Nr. 94807 (e)
Klausuren Politik Oberstufe	Best.-Nr. 108011
Kompakt-Wissen Abitur Grundlagen der nationalen und internationalen Politik	Best.-Nr. 948001 (e)
Kompakt-Wissen Abitur Grundbegriffe Politik	Best.-Nr. 948002 (e)

(Bitte blättern Sie um)

Geschichte

Geschichte 1 – Industrialisierung und Soziale Frage, Nationalstaatsgedanke und Nationalismus, Kaiserreich, Imperialismus, Erster Weltkrieg, Weimarer Republik, Nationalsozialismus und Zweiter Weltkrieg .... Best.-Nr. 84763
Geschichte 2 – Deutschland nach dem Zweiten Weltkrieg, die bipolare Welt nach 1945, der Umbruch in der DDR und die Wiedervereinigung, die europäische Einigung, Wendepunkte des 20. Jahrhunderts .... Best.-Nr. 84764
Geschichte 1 – Bayern
Gesellschaft im Wandel (15.–19. Jh.) · Demokratie und Diktatur – Probleme der deutschen Geschichte im 20. Jh. ... Best.-Nr. 947818
Geschichte 2 – Bayern
Historische Komponenten europäischer Kultur und Gesellschaft · Konfliktregionen und Akteure internationaler Politik in historischer Perspektive .... Best.-Nr. 947828
Geschichte 1 – Baden-Württemberg, Veränderungen in Wirtschaft und Gesellschaft durch die Industrialisierung · Die demokratische und nationale Bewegung in der Auseinandersetzung mit dem Obrigkeitsstaat .... Best.-Nr. 84760
Geschichte 2 – Baden-Württemberg
Besatzungszeit und Teilung Deutschlands im Rahmen des Ost-West-Konflikts · Die staatliche Einheit · Die bipolare Welt nach 1945 .... Best.-Nr. 84762
Geschichte 1 – NRW
Nationalstaatsgedanke und Nationalismus · Kaiserreich · Industrialisierung und Imperialismus · Erster Weltkrieg · Weimarer Republik und nationalsozialistische Diktatur .... Best.-Nr. 54761
Geschichte 2 – NRW
Deutschland nach dem Zweiten Weltkrieg · Die bipolare Welt nach 1945 · Der Umbruch in der DDR · Wiedervereinigung · Europäische Einigung · Wendepunkte des 20. Jahrhunderts ... Best.-Nr. 54762
Grundlagen, Arbeitstechniken und Methoden – Geschichte .... Best.-Nr. 94789
Abitur-Wissen Die Antike .... Best.-Nr. 94783
Abitur-Wissen Das Mittelalter .... Best.-Nr. 94788
Abitur-Wissen Französische Revolution .... Best.-Nr. 947812
Abitur-Wissen Die Ära Bismarck: Entstehung und Entwicklung des deutschen Nationalstaats .... Best.-Nr. 94784
Abitur-Wissen Imperialismus und Erster Weltkrieg Best.-Nr. 94785
Abitur-Wissen Die Weimarer Republik .... Best.-Nr. 47815
Abitur-Wissen Nationalsozialismus und Zweiter Weltkrieg .... Best.-Nr. 94786
Abitur-Wissen Deutschland von 1945 bis zur Gegenwart .... Best.-Nr. 947811
Abitur-Wissen USA .... Best.-Nr. 947813
Abitur-Wissen Naher Osten .... Best.-Nr. 947814
Kompakt-Wissen Abitur Geschichte Oberstufe ..... Best.-Nr. 947601
Klausuren Geschichte Oberstufe .... Best.-Nr. 107611

Wirtschaft/Recht

Wirtschaft – Wirtschaftliches Handeln im Sektor Unternehmen · Wirtschaftliches Handeln im Sektor Ausland .... Best.-Nr. 84852
Wirtschaft – Bayern .... Best.-Nr. 94852
Sozialwissenschaften NRW .... Best.-Nr. 54801
Recht .... Best.-Nr. 94853
Abitur-Wissen Volkswirtschaft .... Best.-Nr. 94881
Abitur-Wissen Rechtslehre .... Best.-Nr. 94882
Kompakt-Wissen Abitur Volkswirtschaft .... Best.-Nr. 948501

Pädagogik/Psychologie

Pädagogik · Psychologie 1 .... Best.-Nr. 102482

Erziehungswissenschaft

Erziehungswissenschaft Zentralabitur ab 2014 – NRW .... Best.-Nr. 54942

Kunst

Abitur-Wissen Malerei · Plastik · Architektur .... Best.-Nr. 949618
Abitur-Wissen Werkerschließung .... Best.-Nr. 949628
Kompakt-Wissen Abitur Kunst .... Best.-Nr. 949601

Ethik

Abitur-Wissen Philosophische Ethik .... Best.-Nr. 94952
Abitur-Wissen Glück und Sinnerfüllung .... Best.-Nr. 94953
Abitur-Wissen Freiheit und Determination .... Best.-Nr. 94954
Abitur-Wissen Recht und Gerechtigkeit .... Best.-Nr. 94955
Abitur-Wissen Religion und Weltanschauungen ... Best.-Nr. 94956
Abitur-Wissen Wissenschaft · Technik · Verantwortung .... Best.-Nr. 94957

Religion

Katholische Religion 1 .... Best.-Nr. 84991
Katholische Religion 2 .... Best.-Nr. 84992
Katholische Religion 1 – Bayern .... Best.-Nr. 94994
Katholische Religion 2 – Bayern .... Best.-Nr. 94995
Abitur-Wissen Jesus Christus .... Best.-Nr. 94978
Abitur-Wissen Die Frage nach dem Menschen ...... Best.-Nr. 94990
Abitur-Wissen Die Bibel .... Best.-Nr. 94992
Abitur-Wissen Christliche Ethik .... Best.-Nr. 94993

Sport

Bewegungslehre · Sportpsychologie .... Best.-Nr. 94981
Trainingslehre .... Best.-Nr. 94982
Kompakt-Wissen Abitur Sport .... Best.-Nr. 949801

Alle so gekennzeichneten Titel sind auch als eBook über **www.stark-verlag.de** erhältlich.

Bestellungen bitte direkt an:
STARK Verlagsgesellschaft mbH & Co. KG · Postfach 1852 · 85318 Freising
Tel. 0180 3 179000* · Fax 0180 3 179001* · www.stark-verlag.de · info@stark-verlag.de
*9 Cent pro Min. aus dem deutschen Festnetz, Mobilfunk bis 42 Cent pro Min.
Aus dem Mobilfunknetz wählen Sie die Festnetznummer: 08167 9573-0

Lernen • Wissen • Zukunft
STARK

23-VIT_GW